大夏书系·全国中小学班主任培训用书

青年班主任的
九大问题
破解

卓月琴 —— 著

华东师范大学出版社
ECNUP
全国百佳图书出版单位

# 目　录

CONTENTS

## 问题❻　班主任怎样提高家庭教育指导能力——不约而"同"

## 问题❼　班主任如何与任课教师交往——聚焦于"真"

## 问题❽　班主任怎样纾解心理压力——以"变"为策

# 序1　一本值得点赞和打 call 的好书

　　最近琐事繁杂，终日忙碌于事务堆里，很难"偷得浮生半日闲"。但我却被眼前的这本书撩得心花怒放，连续三天利用睡前的两三个小时快速读完了。虽然不是什么大家名篇，却乐意应允，欣然挥毫为其作序。不仅因为作者是上海市青浦区教师进修学院德育研究室的研究员，与我有着"同行同仁"的情结和缘分；更重要的是，这本书叠映出一位普通的班主任工作研究者锐意改革、开拓创新的足迹和成果，凝聚了她在班主任队伍专业化建设道路上不断前行的艰辛和快乐，闪耀着以她为引领的班主任工作研究群体务本求实、甘于奉献、追求卓越的理想光芒。因此，确切地说，这是一本凸显卓老师教育境界、责任信念和专业素养的智慧之书；虽然很普通，但却能给人以感动，启人以理性，催人以奋进。为此，我为她点赞，为这本书打 call——

　　点赞一：整体设计上突出了立意。立意是一本书的灵魂，本书写作的主旨就在于引导班主任有意识地回顾自己的实践，从工作环境和经历中思索成功经验和失败教训，发掘具有规律性的内涵，改进教育实践。由此帮助班主任逐渐走向专业化，在反思中实现自我超越，在实践中改善心智模式，在科研中获得专业成长，在创造性的工作中开启智慧，从而领悟到班主任工作的真谛：获取双重幸福，提升生命价值，实现共同愿景，活出生命意义，让每一位班主任能发自内心地热爱本职工作。

　　点赞二：内容选择上突出了导向。内容是一本书的生命，本书坚持问题为导向，把问题转换为需求，用问题驱动思考，从"来自实践的问题"出发，引导班主任清晰地思考，即运用自身已有的知识经验，察觉问题的存在，感受问题的真实性，辨识与洞察问题的性质，并能敏锐地厘清问题的特征以及问题产生的根源，由此促使班主任增强研究意识，培养发现问题、分析问题和解决问题的能力，在显性知识和默认知识的结合上不断提高专业需求的层次。

点赞三：形式呈现上突出了新颖。形式是让内容能飞得更高更远的双翅，本书的形式具有很高的审美性，为班主任培训寻找到了一个能显现主体本质力量的宜人形式。书中的每个问题，都给出了"一字式"的关键词，即从"动"开始、继之以"思"、"探"字了得、多念"心"经、发乎于"情"、不约而"同"、聚焦于"真"、以"变"为策、"得"其所哉，并对九个字的含义一一进行解读，多角度、多层面地展示了破解问题的大智慧。"九字真经"独树一帜，脉络清晰，让读者一目了然。

点赞四：体例安排上突出了体验。班主任培训从本质上讲是一种成人培训，更应强调可操作性。本书遵循这个特点，聚焦一个"实"字，围绕"现象审视—问题诊断—理论导引—案例研读—实践检验—学材链接"六环节，以情境问题导入、以诊断分析切入，以理论诠释支撑、以案例呈现支持，以实践作业检验、以文献提供补充，从表象说到本质、从实践说到理论、从个案说到规律。这样的体例结构，不仅很能吸引读者，更能提供广而深的体验过程。

点赞五：材料提供上突出了情境。体验需要情境，生动翔实的案例是最适合班主任进行专业体验的情境化了的资源。任何成功或失败的班主任工作个案，都蕴含着丰富的问题性，能从不可复制的"这一个"中悟出普遍性和规律性，正是班主任培训最有价值的要义所在。因此，学习优秀案例，是班主任不断实践、不断积累，取得成功、走向成熟的必经历程。本书所选案例既有相关理论的介绍，又有实用意义的解析，让人读后有身临其境之感。班主任可通过自主思考，拓宽视野，丰富知识，提高专业素养。

当然，值得点赞的还有很多方面，限于篇幅不能一一详述。望着窗外日渐浓郁的春意，突然想起了一首以《春》为题的短诗："春水初生/春林初盛/春风十里不如你。"是啊！再美的春景都不如你们——一群为着班主任专业发展"做嫁衣"的研究工作者，包括本书的作者卓月琴老师。于是，我也做了一首小诗（写于戊戌年春意正浓之际）以记之：

终日昏昏琐事间，

喜获好书狂点赞。

乐为卓君写序话，

欣得浮生半日闲。


陈镇虎

上海市德育研究协会副会长　上海市德育特级教师

2018 年 4 月

# 序2　聚焦问题破解：班主任培训课程的研发与实施

## 一、问题的提出

近年来，各级教育行政部门相继出台了加强班主任队伍建设和在职班主任培训的政策法规。遵照文件精神，健全培训制度，完善培训体系，创新培训机制，是提高班主任队伍建设水平、促进班主任专业化发展的现实需要。其中，培训课程的研究与开发是完善培训体系的首要一环。

班主任工作本身，有其复杂性和多样性，因而没有可以拿来复制的现成经验。纵观各类中小学班主任培训课程的实施状况，不难发现，虽然培训时间长短不一，培训方式多种多样，培训内容多维多元，但其实际效果却较难如愿以偿。班主任们在经历了一段时间、有过新鲜感之后，参与培训的热情与兴趣逐渐减少。现实中，常常可以看到这样一种情形，班主任们在受训时特别有感触、有共鸣，可一旦回到真实的工作场景中，面对身边的实际问题，却往往一筹莫展，这在客观上影响了班主任对培训的认同。当下，内容零敲碎打、拼盘式的培训课程还存在着，而针对"现实问题解决"的课程，则相对比较缺乏。

事实让我们越来越认识到，引导教师思考自己面临的问题、立足问题解决的培训课程，对于班主任来说，更为实际、更具现实意义。有鉴于此，通过实践尝试，探索这类课程开发与实施的新视角、新路径、新方法，力求在增强培训的针对性和实效性方面有新思考、新作为，以此满足受训者的内在需求，确有必要。本文就上海市青浦区的一项研究来阐述实践所得。

## 二、课程研发理念

培训课程的研发，应面向班主任的工作困惑和成长需要，聚焦班主任所关注的问题，以问题的剖析与解决为中心，建构课程目标，设计课程内容。课程研发的根本取向，是为班主任专业发展量身定制适用的培训内容。课程聚焦有待解决的问题，将专业学习置于复杂的、有挑战性的问题场景中，让每个班主任以主体身份参与培训活动，通过相互之间的合作互动，导向实际问题的最后解决。班主任在此学习进程中，领悟问题解决背后所隐含的相关专业知识，锻炼自主学习能力，并由此形成解决问题的智慧技能。这种课程对于他们来说，无疑具有显现其实际价值的重要意义。

培训课程以问题破解为主线进行研发，借助问题解决的教学理论，通过"问题聚焦—理论学习—案例解读—实践反思—经验重构"这一过程，逐步启迪受训者自我反思，并据此提炼理性认识。"问题解决"是一种促进自主学习的教学理论，以剖解问题为中心的培训课程，为班主任提供了自主学习、有效学习的研修载体。课程旨在引导班主任审视自己在班级工作中面临的问题和存在的困惑，解剖特定情境下发生的事件，由此及彼地反思自己的教育理念与教育行为，进而采取积极行动，自我改善职业生存现状；同时通过总结教训、积淀经验，在反思与交流中形成、分享群体实践智慧，提升专业技能水平和自主发展能力，并在团队互动中不断创生新知识、新理念。

## 三、课程主干的设计

聚焦问题破解的培训课程，目标是促使班主任以先进教育理念反思自己的教育行为，在实践改进中逐步达到观念的真实转变，获得一种内在的批判与审视能力，也就是解决教育问题的能力。

在这一目标统辖下，首先是通过问卷、访谈，搜集班主任专业成长中面临的问题，梳理基本要素，对问题表现及解决方式开展初步思考。在此基础上，对目标进行分解，对当前亟待解决的问题进行聚类，由此架构培训内容。其次，厘清每个问题的性质与难点，确认问题产生的原因和背景，将其分解为若干个具有共性的要素，再结合相关理论，梳理出班主任应掌握的专业知识与技能，据此收集相应的实际素材，在观点与论据之间架起逻辑桥梁，初步形成课程内容。课程主干分为九大问题，每一问题的破解又从"现象审视"起共分为六部分，具体如下：

【问题1】班主任应当扮演什么角色——从"动"开始：现象审视——启动；问题诊断——触动；理论导引——牵动；案例研读——感动；实践检验——行动；学材链接——推动。

【问题2】班主任怎样摆正教育和教学的关系——继之以"思"：现象审视——凝思；问题诊断——熟思；理论导引——反思；案例研读——沉思；实践检验——构思；学材链接——深思。

【问题3】班级管理中班主任如何"刚柔相济"——"探"字了得：现象审视——探测；问题诊断——探查；理论导引——探悉；案例研读——探究；实践检验——探索；学材链接——探寻。

【问题4】班主任怎样应对学生中的偶发事件——多念"心"经：现象审视——留心；问题诊断——细心；理论导引——悉心；案例研读——精心；实践检验——耐心；学材链接——关心。

【问题5】班主任如何教育"问题学生"——发乎于"情"：现象审视——激情；问题诊断——酌情；理论导引——钟情；案例研读——尽情；实践检验——热情；学材链接——寄情。

【问题6】班主任怎样提高家庭教育指导能力——不约而"同"：现象审视——同感；问题诊断——同一；理论导引——同步；案例研读——同行；实践检验——同时；学材链接——同化。

【问题7】班主任如何与任课教师交往——聚焦于"真"：现象审视——真实；问题诊断——真相；理论导引——真谛；案例研读——真切；实践检验——真知；学材链接——真诚。

【问题8】班主任怎样纾解心理压力——以"变"为策：现象审视——突

变；问题诊断——改变；理论导引——应变；案例研读——渐变；实践检验——质变；学材链接——促变。

【问题9】班主任未来的发展方向在哪里——"得"其所哉：现象审视——悟得；问题诊断——偶得；理论导引——学得；案例研读——得法；实践检验——得益；学材链接——得理。

对上述培训内容，以情境问题导入、以诊断分析切入，以理论诠释支撑、以案例呈现支持，以实践作业检验、以文献提供补充，从表象说到本质、从实践说到理论、从个案说到规律。这样的体例结构，不仅很能吸引受训者，更能提供广而深的体验过程。

## 四、课程的实施

"以问题破解"为中心的班主任培训，旨在改变单纯传授知识的传统模式，将培训过程直接与实践性知识的生成相衔接。问题破解的过程，是培训者与班主任结成学习共同体，进行团队学习的过程。此时，团队中的每一个成员都可以基于自己的亲身经历、感受体验，在交流与互动中学会发现问题、分析问题、解决问题。而培训者给予的专业支持，常常是浸润式呈现的。这种润物细无声的介入，能促使班主任们以学习的力量改变自我，以团队的行动改善自身的心智模式，进一步提高班主任专业研修的针对性、应用性、实效性，从而使团队成员分享各人经验，凝聚群体智慧。

课程实施中，培训者将针对问题引导班主任，通过讨论、分析，认识其性质或实质，提出各自的对策方案，并在实践中尝试解决，同时交流由此获得的感受、体验与实践性知识。培训者则在此过程中不断完善课程方案，以提高班主任的自主学习能力。具体过程如下：

一是引导班主任针对自身实践，利用已有知识经验，敏锐地察觉问题的存在，辨识问题的真实性，清晰地洞察并表述问题的特征，由此培养发现与综合考察问题的能力。

二是以"来自实践的问题"为出发点，以班主任原有的知识经验为依托，在班主任的团队互动和培训者的指导调控之间建立一种"对话"关系,针对问题性质引导深入探讨,由此提高班主任的问题分析能力。

三是针对班主任解决现实教育问题的弱点或能力不足,围绕问题解决的策略、方法或操作技艺,对班主任进行培训,通过团队学习与实践锻炼,进一步提高班主任的问题解决能力,以突破专业成长瓶颈,形成实践智慧。

课程以"来自实践的问题与解决问题的实践"为主线,以现实问题或教师困惑为切入点,以班主任的原有经验为基础资源,以个人自我反思为讨论前提,以团队合作研讨为基本途径,通过集中讨论与分散自修相结合、专题讲座与交流探索相结合、专业引领与同伴互助相结合、理论学习与实际应用相结合,推进自我反思、同伴互助、专业引领三者理性互动与融通,建构培训实施模式。整个过程分为如下五个环节:

| 环　节 | 操作方法 |
|---|---|
| 聚焦问题 | 注重自我反思。针对疏理出来的问题,通过深入思考厘清问题的性质与产生的原因,明确问题的价值意义与可能的解决思路。这个环节可通过事先发放预学单,让受训者提前作好准备的方式推进。 |
| 学习理论 | 着重自我研修。班主任对需要解决的问题应有一定的知识基础,在实践过程中逐步实现思想观念的转变,并生成新的知识。培训者向班主任提供、普及相应的理论知识,可采用微视频报告、讲座等形式,其时间安排不宜过多,也可在正式培训之前完成。 |
| 解读案例 | 重视团队学习。一是引导班主任深入案例情境,以产生、感受、诊断、解决为线索,解读案例所涵盖的教育问题,得出揭示问题实质的理性分析和有效解决问题的方式、方法与策略。二是课例观摩,班主任要带着问题去听课,切身感受主讲者处理问题的机智,从中体悟解决问题的范式。三是专题研讨,以问题为中心,让班主任根据自身的经历诠释问题、分析问题,并通过查阅相关资料、提出切实可行的解决方案与策略,其形式可以是案例分析、观课议课、问题研讨等。 |

| 环　节 | 操作方法 |
|---|---|
| 反思实践 | 关注知识更新。针对解决问题的过程，开展深度对话，突出岗位情境中的互动与交流，启发班主任反思自己工作中的个案，形成自我分析、自我评价的自主学习状态。 |
| 重构经验 | 重在实践创新。要求班主任选择典型事件撰写教育案例，包括自我成长故事，引导他们重新回顾自己的教育实践，以典型案例为样本自我总结经验，逐步建构自己的实践性知识。 |

　　通过培训模式的革新，改变了培训者以"教师"或"专业人员"自居的角色认知，改变了主讲教师一讲到底的培训格局，建构了参训学员为中心的课堂。培训教师以倾听者和参与者的身份与学员互动，由此让对方认可、认同自己的见解和观念，并在平等对话中共同致力于生成新的经验和智慧。

　　课程的实施，以班主任自我反思、培训者倾听回应为主线，以小组合作互动为主导，以案例学习与案例研究为主干，以理念转变、行为跟进为主旨，通过深度对话，共同构筑专业发展愿景。培训者与参训者基于课程方案，开展实践尝试，验证相关结论。课程满足了学员的实际需要，保持了课程目标、课程内容与培训实践的一致性，提高了班主任学习与行为改进的有效性。经过几轮实践，基于实施结果形成了培训用书《青年班主任的九大问题破解》，诠释以破解问题为中心的培训理念。

卓月琴

2018 年 9 月

# 问题 1 　班主任应当扮演什么角色

## ——从"动"开始

**【导语】**

现代教育赋予班主任相当丰富的角色内涵：在课堂上，是学生学习的指导者；面对家长，是家庭教育的指导者；学生出现问题，是一名心理教育工作者；处理班级事务，则是管理者。新课程改革对班主任角色的内涵进行了很好的诠释，班主任不仅是"学科专家"，而且是"组织者""管理者""模范公民""父母代理人""学生的朋友与知己""学生人际交往的指导者""学生心理健康发展的咨询者"等。所有这些定位，可归结为一点：班主任应是一个有思想的实践者，班主任的一切工作从"动"开始——动脑、动嘴、动手、动腿。扮演好班主任角色，贵在主动：不被问题牵着鼻子走，不绕开矛盾走，针对问题、学习理论，结合学情、寻找根源，有效作为、解困释惑。

## 1. 现象审视——启动

班主任工作，怎一个"忙"字了得？因为忙，所以累；更因为累，所以才觉得苦。这些都是现实中不少青年班主任的直观感受。忙，是一种现象。然而，忙什么，为什么忙——现象背后的原因需要我们很好地反思。只有"启动"反思，才能深入理解与明晰班主任的角色功能，知道自己需要做什么，应该怎样去做。

忙，也许是班主任工作的一个普遍现象。在访谈中，一位青年班主任曾发出如下感叹：

## 我为什么总是这么忙

早上七点之前，我已经到了学校。第一件事，就是忙着进教室，监督班级里的学生上早自习、交作业、出缺席记录及检查卫生等例行公事的执行情况。课代表向我报告，还是那几个学生没交作业。听了，心里不大舒服。可还没等我发作，上课铃响了，一天的工作就在这种"不良情绪"中开始了。

之后，在操场"盯"早操。早操结束，学生上课，我着手处理早自习时发生的一些问题（包括不交作业），改作业、备课、上课。

课间，我还得下班级，督导学生：不能互相打闹、不可破坏教室卫生。

中午，我要提醒学生用餐规矩：不要浪费粮食。

午饭后，我先发动学生打扫教室卫生，然后组织学生午自修，并对没交作业的学生严厉地进行了批评教育。之后，辅导学习有困难的学生。

下午，上课，课后找学生谈心。

学生放学了，剩下的时间才属于自己，我要在这段时间内备课，处理个人事务。

一天下来，累得筋疲力尽。每天如此，每月如此，忙于应对各种问题。我觉得自己这么劳累工作，就像一个管家婆，根本谈不上有什么创造性，真没意思。

这还只是班级管理工作，我们还要参与课程教学改革的学习与研讨，上公开课，这几乎把白天的时间全部填满了。

这段话从一个侧面折射出这位班主任对自身角色的认知度。在其位而不知如何谋其政，稀里糊涂、若明若暗地工作，事情做不成，心情肯定也好不了。

## 2. 问题诊断——触动

> 从严格意义上说，"忙"几乎都会导致"乱"。忙乱现象的实质，常常会涉及班主任对自我角色定位的把握问题。班主任需要认清自身问题的症结所在，积极探索正确的角色定位，从而"触动"观念深处的认知障碍。

### 班主任自身角色认知模糊

有的班主任，工作任劳任怨，对学生几乎无时不管、无事不管、无处不管。这样的班主任，被戏称为"保姆"。但学生心里并不领情，也根本不佩服他们，甚至对他们有着很强的逆反心理。有的班主任，在学生面前总是摆出一副"多云转阴"的面孔，用监视的目光看待学生，不允许学生出任何错误。对这样的班主任，学生因害怕而服从，就像老鼠惧怕猫。更有些班主任，和学生谈话总爱居高临下，盛气凌人，用一种教训的口气，一味地在学生身上挑刺儿，"上纲上线"，甚至强词夺理，不容学生申辩解释。学生受到沉重的精神压力，感到委屈和压抑，很容易产生不满情绪和逆反心理，教育效果自然大打折扣，甚至适得其反。而在现实中，很多班主任从来没有认真考虑过自己应该扮演怎样的角色，每天都在繁忙中度过。

其根本原因：一是班主任本人角色认知模糊，不知道自己应担当什么角色，缺少自我期待；二是班主任虽然知道该扮演哪些角色，也能自觉担当，但是对每个角色的内涵理解不准确，或者不知道其内涵因时代不同而发生了变化，仍用过去自己当学生时的眼光看待班主任工作，这就造成自我认知与现实需要之间的落差，模糊了角色功能。

关于班主任的问卷调查结果显示，对"您在学生心目中的形象是什么"这个问题，答案最多的是"严肃认真的管理者"，占48%；其次是"思想道德的教育者"，占27%；而"学习、生活中的合作者"占24%，"知识渊博的学者"占 12%，"和蔼可亲的长者"占 10%。此外，63% 的班主任将"学生日常行为规范和纪律教育"放在工作的第一位。由此可见，班主任都不约而同地将首要职责聚焦于用各种规章制度去规范或限制学生的言行，俨然扮演着监督学生是否违规的"警察"角色。

## 3. 理论导引——牵动

> 缺乏理论的指导，实践难免是盲目的。班主任教育学生需要德育理论，班级工作需要管理理论。牵一发而动全身，在工作中，班主任用理论"牵动"实践，自身才能在专业成长的路上走得准、走得稳、走得踏实，而站在理论支撑的巨人肩膀上，更能让自己看得远。

### 班主任的角色定位

教育部颁布的《中小学班主任工作规定》中指出，班主任是中小学日常思想道德教育和学生管理工作的主要实施者，是中小学生健康成长的引领者，班主任要努力成为中小学生的人生导师。

随着时代的发展，多元价值观不断出现，并逐渐得到认同。在一个思想和价值观趋于多样化的时代，学生需要什么样的教师？换句话说，什么样的教师最能吸引学生？教师的魅力来自哪里？如何在宣传主流价值观的同时对学生实施个性化教育？班主任的工作职责决定了他们必须承担的社会角色有哪些？这些问题都是班主任必须明白并予以解答的。

高尔基说过："爱孩子，这是母鸡也会做的事。可是善于教育他们，这就是国家的一桩大事了，这需要有才能和渊博的生活知识。"孔子则认为："其身正，不令而行；其身不正，虽令不从。"

传统教育模式下的班主任"权威"角色，已不能适应新时代教育发展的要求。现代教育意义上的班主任，其角色内涵是丰富的。因此，厘清角色，找准支点，是班主任带班育人的必然要求。

**（1）班主任多重角色的依据**

①法律法规的要求。

《中华人民共和国教育法》第五条规定：教育必须为社会主义现代化建设服务、为人民服务，必须与生产劳动和社会实践相结合，培养德、智、体、美等方面全面发展的社会主义建设者和接班人。

《中华人民共和国教师法》规定：教师应当履行"对学生进行宪法所确定的基本原则的教育和爱国主义、民族团结的教育，法制教育以及思想品德、文化、科学技术教育，组织、带领学生开展有益的社会活动"和"关心、爱护全体学生，尊重学生人格，促进学生在品德、智力、体质等方面全面发展"的义务。

这两个法律明示了教师的角色是学生全面发展的引导者。

《中小学教师职业道德规范》第三条"关爱学生"规定：关心爱护全体学生，尊重学生人格，平等公正对待学生。对学生严慈相济，做学生良师益友。保护学生安全，关心学生健康，维护学生权益。不讽刺、挖苦、歧视学生，不体罚或变相体罚学生。第五条"为人师表"规定：坚守高尚情操，知荣明耻，严于律己，以身作则。衣着得体，语言规范，举止文明。关心集体，团结协作，尊重同事，尊重家长。作风正派，廉洁奉公。自觉抵制有偿家教，不利用职务之便谋取私利。

这两条明确提出教师要成为学生合法权益的保护者，社会道德规范的示范者。

《中共中央国务院关于进一步加强和改进未成年人思想道德建设的若干意见》中规定：要完善学校的班主任制度，高度重视班主任工作，选派思想素质好、业务水平高、奉献精神强的优秀教师担任班主任。

这要求班主任是教师队伍中的优秀者。

②教师专业发展的必然要求。

"处天外遥望地球很小，居体内细察心域极宽。"魏书生老师的这两句诗精彩而富有哲理。一个学生就是一个世界，学生的心灵世界是极为广阔的天地。作为教师，特别是班主任，在学生广阔的心灵世界里耕耘，其责任重大，劳动神圣，社会角色当然重要而光荣。

班主任工作是一种专业性劳动，要胜任这项工作，班主任必须逐渐走向专业化。促进学生德、智、体、美全面发展，是所有教师的职责。班主任作为班级教育的主任教师，不仅要负责组织、管理班级工作，还要承担更多的教育责任。

随着社会的发展、科技的进步、文化的繁荣，人们对教育的需求不断提高，教师专业化的呼声日益高涨。教师应该是教育的思想者、研究者、实践者和创新者，而教师的专业成长是一个终身学习的过程，是一个不断提升、不断创新的过程。班主任的专业发展也应是学科性、教育性、学术性与示范性的统一。

③学生成长发展的需求。

学校教育是以班级为单位进行的，其各项工作都跟班主任有关。班主任既要关心学生的学习状况，教育学生明确学习目标，端正学习态度，掌握学习方法，养成良好的学习习惯，增强创新意识和学习能力，又要有效进行班级管理，保证学校各项教育工作的贯彻执行，还要组织学生开展班会、团队会以及各种主题教育活动和文体活动，更要了解每个学生的身体、心理和思想状况，有针对性地进行个别教育，做好每个学生人生道路上的引路人。

学生作为成长中的个体，他们会遇到各种各样的问题，其教育需求是极其丰富的，既有学习求知方面的，又有人际交往范畴的，还有道德提升、心理抚慰、文化娱乐、健身强体等涉及个人成长的领域。认可学生的需求，通过班集体建设创造条件，最大限度地满足学生的需求，是班主任的责任所在，也是其神圣使命。

**（2）班主任的角色认知**

班主任工作的核心是育人，是将学生培养成有远大志向、高尚情操、优良品德、良好习惯的中国特色社会主义事业的未来建设者和接班人。为此，班主任本身应具有正确的世界观、人生观、价值观，忠诚于人民的教育事业，树立崇高的职业理想和坚定的职业信念，不断提高教书育人的本领，满怀热情和真诚地教育和引导学生。有鉴于此，班主任必须在以下三个方面明确自己的角色功能。

①班主任是党和国家教育方针政策的直接贯彻者与执行者。

从班主任工作与学校办学的关系看，班主任是学校教育的中坚力量，是党和国家教育方针政策的直接贯彻者与执行者。新时期党的教育方针是，"坚持育人为本、德育为先，实施素质教育，提高教育现代化水平，培养德、智、体、美全面发展的社会主义建设者和接班人"。也就是说，学校要把学生培养成有理想、有道德、有文化、有纪律的一代新人。这是社会主义制度赋予学校的神圣使命。而要完成这一使命，不仅要依靠广大学科教师，更要依靠班主任。这是因为，班主任是班级的组织者、领导者和教育者，是学校对学生进行思想道德教育的"排头兵"，党和国家的教育方针和政策首先是通过班主任得以贯彻和执行的。班主任不仅要向学生传授文化科学知识，更重要的是，还应关心学生思想上的进步、道德品质的提高，以及学生的身心健康。可以这样说，在一定意义上，班主任是党和国家教育方针政策在学校里贯彻落实的首要实施者。

②班主任是学生的重要"精神关怀者"。

从班主任在班级教育中的地位和作用看，班主任最重要的角色是学生的"精神关怀者"。所谓"精神关怀"，就是关注学生的精神成长，从心灵的充实到人格的完善。从教育学的角度说，就是关心学生德、智、美、心的和谐发展，即道德品质的养成、智慧潜能的开发、审美情趣的培养和健康心理的发展。从心理学的角度说，就是重视学生知、情、意、行的协调一致，即将认知发展、情感陶冶、意志锻炼和行为习惯培养统整起来，也就是陶行知先生所倡导的"知情意"合一的教育。

作为"精神关怀者"，班主任所从事的是以心育心、以德育德、以人格育人格的精神劳动。"精神关怀"是班主任工作的核心内容，它准确反映了班主任教育劳动的性质和特点，深刻体现了以人为本的教育理念。虽然所有教师都有责任关心学生的精神成长，但给学生精神关怀最多的应该是班主任。事实上，班主任比一般任课教师要更多地参与学生的生命活动，参与他们精神世界的建构。因此，班主任要懂得对学生如何从知识关怀转向精神关怀，从知识本位的教育转向以人为本的教育。也就是说，班主任不仅要关心学生的学习成绩、生活状况，更要关心他们的内心世界，关心他们的情感、情绪和精神生活，让学生在学习知识、技能的过程中，得到情感、态度、价值观的协调发展。

③班主任是学生全面发展的引领者。

从班主任和学生的关系看，班主任是学生全面发展的引路人。班集体建设的根本目的，在于促进学生的全面发展，让学生成长为适应社会发展需要的、具有鲜明而独特个性的社会人。在班级授课制下，班级这种教育组织形式对学生的成长有着不可小觑的影响。在班级中，班主任是成人世界派往儿童世界的"全权大使"，他代表成人世界对儿童进行教育和引领。儿童通常都有向师性，由于与班主任朝夕相处，往往会对班主任产生羡慕和崇拜心理，有意无意地将班主任当作自己的学习榜样。因此，班主任的一言一行、一举一动，都会对学生产生或显性或潜在的影响。有人这样说：有什么样的班主任，就会培养出什么样的学生。这句话不无道理，它说明班主任对青少年学生的成长有着很重要的影响。事实也是如此。当一个人回顾学生时代的生活，谈及自己的成长经历时，总是抱着怀恋和崇敬的心情忆及小学的班主任。从这个意义上说：学校无小事，事事皆教育；教师无小节，处处成楷模。在普遍要求全体教师都要努力承担育人责任的今天，班主任的责任更重，对他们的要求也更高。

## 4. 案例研读——感动

> 每一个成功的案例，都是一幅班主任工作酸甜苦辣的全息写真，是对班主任应扮演角色的实践诠释。潜心研读，教师的情绪必然会因此而激动，"感动"于优秀班主任的坚定信念、执着行为，并从中习得经验，谋得方法。

## 案例1：言行塑造师德

于漪老师曾经教过这样一个女学生，她在做操时竟和男生打架，当时场面很失控。于是，于漪老师就对这名女生说："你又不是'十三点'咯……"这句话一说出口，她就很后悔。后来几经思考，她向这个女生道了歉。谁知这句话却成了于漪老师的终身遗憾。她说，教师要有宽广的胸怀，对学生要学会包容，不居高临下，走到学生心里头去。每当回忆起这件事，她的眼里都充满了悔意。

今天，我也陷入了深深的思考。

"你是原始人吗?"我的脑子"嗡"的一声，蹦出了这句话。记忆倒退至那个忙碌的中午，我在教室里监督学生午餐。一年级新生刚入学，各方面都还很稚嫩，有把午餐盒打翻的，有满桌子都是米粒的，还有一边吃饭一边大声讲话的。突然，小男孩涵涵进入了我的视线，只见他右手拿勺子，左手拿鸡翅，吃得津津有味。不一会儿，他已是满嘴酱汁，那张小脸上还点缀着好几粒米饭。我看着涵涵，真是好气又好笑。我刚想说什么，却见他放下鸡翅，用油腻的手把一片片菜叶塞进嘴里。于是，一口、两口，吃起了"手抓饭"。这一切，他是那么习以为常。

我再也忍不住了，不假思索地对他说："怎么能用手抓菜呢，你是原始人吗?"全班哄堂大笑，他自己也笑了，立刻把手一缩，往裤子上猛擦，似乎要销毁"罪证"。

对于这件事，我似乎已抛之脑后了，可一切并未就此结束。几天后，放学时分，我听到有个男生在叫："原始人，原始人!"随即迎来另一个孩子的呼应："哈哈哈，原始人!"我回过神一看，他们正在叫涵涵，而他却在一旁尴尬地笑着。

"原始人"这三个字在我的耳边久久回荡，孩子们的嘲笑声，涵涵尴尬而无奈的表情，一直挥之不去。我后悔了。没想到，自己随口而出的一句话，却变成了一个有歧视含义的绰号。不能用"说者无心，听者有意"来搪塞，我的话伤害了涵涵。

有人曾经说过："老师一走上讲台，就是德育的开始。"为人师表，意味着教师的每一个行为、每一句话，甚至是每一个眼神，都在给孩子作示范。对学生来说，很多行为都是从模仿开始的。他们会模仿教师说话的样子，会很有归属感地对父母说："我们老师说……"这也意味着，教师要谨言慎行，不能让自己以为无意的一句话损害孩子的自尊，影响他的一生。

想到这儿，我更加自责起来。于是，我当着全班的面，向涵涵道了歉。那一天，正好是雏鹰争章活动小孔雀章的争章启动仪式，借这个机会，我告诉大家："小朋友们，尊重老师、爱同学是小孔雀章的要求，也是我们每个人都要做到的事，老师要和大家一起努力，改正自己的不足，你们说，好不好？""好！"大家异口同声地说。也不知是谁带的头，教室里响起一片掌声……我看见坐在前排的涵涵也在奋力鼓掌，眼里闪烁着感动。

教师是人类心灵的工程师，要塑造孩子的心灵，自己首先要有一颗爱学生的心。捧着一颗心来，不带半根草去，要有身正为师的言行。

[上海市青浦区实验小学（城中校区）朱丽叶供稿]

## 解读

这个例子说明，班主任不仅是知识的传播者，更应该是文明礼貌的践行者和文明行为的示范者。班主任的文化修养，从治学精神到教学态度，甚至言谈举止、仪表风度，都会影响学生的成长，会在学生的潜意识中成为他们效仿的对象。

有人曾调查过小学生、初中生和高中生对班主任衣着、发型等外在形象的态度，结果发现：小学高年级学生已开始在背后议论班主任的衣着、发型；关注班主任服饰的学生，初中生中有59%，高中生中达到了86%。调查还发现，学生对班主任的喜爱度，不仅取决于班主任的教学能力与知识储备，而且还和班主任的服饰等外在形象明显相关。

美国著名形象设计大师罗伯特·庞德说过："服装是视觉工具，你能用它达到你的目的，你的整体展示——服装、身体、面目、态度为你打开凯旋、胜利之门，你的出现向世界传递你的权威、可信度、被喜爱度。"

中国有句俗话"人靠衣装马靠鞍"，说的就是服装对人的形象的重要性。尽管不能以貌取人，不应仅仅凭衣着来评判一个人，但有关人的形象的调查表明，很多人依然习惯于从衣着来看人，并由此决定与其交往所采取的态度。当然，对班主任来说，内涵比外貌更重要，但不注意形象打扮或者形象品位不高，也会减损自身对学生的感召力。相反，一身端庄的衣着，以及规范、有亲和力的言行举止，会大大增强班主任的影响力。

苏霍姆林斯基说："教育的艺术首先是谈话的艺术。"作为一名班主任，语言表达能力是一项基本功，风趣幽默、声情并茂的语言表达，一定能为课堂增色不少。

据报道，北京青少年法律援助与研究中心对近 30 所中小学校的 315 名小学生、初中生、高中生进行了"班主任语言暴力"的问卷调查。统计发现，51% 的小学生、72% 的初中生、39% 的高中生认为，教师的语言暴力对其造成了心理伤害。

因此，班主任不仅要有丰富的文化知识、深厚的专业基础，而且要有良好的语言表达能力。一个说着一口漂亮的普通话，有口才、善于用科学而风趣的语言引导学生的班主任，往往更容易受到学生的爱戴，他所教的学科也容易引起学生的学习兴趣。

在学生心目中，班主任言行的权威性常常胜过家长。学生会在不知不觉中模仿班主任的表达方式与判断方法。在一定意义上说，如果班主任总是刻薄对待学生，那么学生也容易学会对他人尖刻；如果班主任对学生总能有所宽容，那么学生也容易做到对他人谦让。班主任只有时刻牢记自己是文明的传授者，才能成为学生学习的榜样。

育人，要善于从小事做起，用自己的一言一行去影响学生。所谓"桃李不言，下自成蹊"，班主任的道德力量是无穷的。

案例 2：和学生的心弦对准音调

世上没有任何东西比人的爱更复杂，也更需要智慧。爱，应该是花丛中最美丽，而又最平凡、最质朴和最娇嫩的花朵；这个花丛的名字，叫道德。

班里有个一直很沉默、内向的男孩，在一次随笔中他写了这样一段文字："老师，以前的我是那样的努力，也一直认为自己的生活充满阳光，在不懈地追寻自己的梦想。但家庭不和睦使我的脾气变得暴躁，暴躁过后就是沉默，不愿与人交流，唯恐同学们的话语触及我内心的伤痛。对学习，我没有了往日的激情，亦无心、无力再去做一个追梦人……"读到这儿，我很感动。因为他信任我，并把我当作能够倾诉的知音。看得出来，他很无奈和彷徨，生活失去了颜色。此刻，我的心里有一个声音：帮助他走出生活的阴霾，那是我义不容辞的责任。

于是，我把自己心中的话书写在他的随笔本上，希望能给他带来一丝安慰和面对生活的勇气。我是这样写的："十三四岁，本来应该是充满理想和幻想的年龄。老师读了你如此悲观的话语，极为震惊。人世间，不如意的事很多。一切都会过去，还是抬起头来朝前看吧，用自己的双手和智慧去开创美好的未来。当你伤心的时候，可以举目看一看蔚蓝的天空、广袤的宇宙，你会觉得心胸开阔许多，往事也会随风而去。老师不开心的时候，也是这样做的。振作起来吧，相信乌云是遮不住太阳的，'冬天到了，春天还会远吗？'其实，你并不孤立无援，你的身边有许多人在关心你、爱护你。老师愿意永远做你的朋友，要相信生活本来就充满着七彩阳光。"

第二天下午上课时，我特意走到他跟前，拍拍他的肩，朝他笑了笑，他也微笑了。那是一种发自内心的纯洁的笑，不含一丝杂质。自那以后，这个学生总喜欢跑到办公室，蹭在我身边问这问那。我心里明白，他愿意和我接近，我这个老师在他心里已有一席之地。想到这些，我很感动。作为教师，我只以寥寥两百余字，就赢得了一颗天真无邪、感激涕零的心。这是我想要的"心灵的收获"，做教师的感觉，也是一种付出和接受的交流方式。

在每个学生内心最为隐秘的一角，都有一根独特的琴弦。它一经拨动，就会发出特有的音响。要使学生的心与教师的话产生共鸣，教师应该和学生的心弦对准音调。

（上海市毓秀学校佘远娟供稿）

苏霍姆林斯基说过："作为一位教师，要热爱孩子，感到跟孩子交往是一种乐趣，相信每个孩子都能够成为一个好人，善于跟他们交朋友，关心孩子的欢乐和悲伤，了解孩子的心灵，时刻都不忘记自己也曾经是个孩子。"

《爱的教育》告诉我们，教育不仅是制度、形式与活动，更重要的是情与爱的延续。教育学生，班主任首先要有慈母的温柔、严父的规诫，要爱中有严、严中有爱、"恩威并施"；并通过多种途径，采用多种方法，把爱传递给学生，用爱开启学生心灵的窗户，滋润他们的心田。

"关爱一切学生"，作为一种教育理念，代表的是一种立场、一种态度、一种精神、一种追求，也是广大教育工作者教书育人、为人师表的基本准则。班主任应该关爱一切学生，用爱和学生的心弦对准音调。班主任只有把自己当成爱的传递者，才能点燃学生心中爱的种子，从而让爱如星星之火般在教育大地上燎原。

## 案例 3：最好的礼物

校门口，总是摆着那些摊位。只是这几天多了很多卖花的，原来是一年一度的教师节马上要到了。

这个星期二，和往常一样，我在学生早自修时在教室外面巡视。忽然发现，班级里少了一个人，田雨怎么没有来？当时，外面下着大雨，我开始担心起来。而这时田雨的爸爸打来了电话。在电话中，他焦急又略带生气地说："钱老师，我儿子不想来读书了，我怎么劝也劝不好……我要去上班了……""别打，别打"，电话里好像又传来田雨的声音。我刚想问到底发生了什么事，电话就被挂断了。据此推测，我想应该是田雨不想上学，和父亲起了争执，并抢夺了爸爸的手机，所以田雨爸爸就把电话挂了。经过分析，我决定过一会儿打个电话问个究竟。后来，我了解到原来是田雨模拟考试没考好，爸爸很生气，说都读到初三了，怎么还是考这么一点成绩，怎么能考上高中。而田雨觉得自己又不是不读书的料，爸爸干嘛这么凶。田雨被爸爸批评后，更觉得读书没有意思，就不想来学校了。了解这些情况后，我和田雨爸爸商量，孩子的考试目标不能定得过高，反而会给他带来挫败感，现在的关键问题是让他重拾信心，回到学校。同时，我和田雨爸爸约定，晚上来家访，和田雨当面谈谈心。

其实，各科教师都很关心田雨的学习，几乎每天都会找他来补作业，还找了几个学科成绩好的同学去帮助他。只是其他同学的进步更快，所以他的成绩基本上总在班级的最后几名。学习上的长期受挫，让他的自信心逐渐丧失。父亲的这次批评，只是个爆发点，田雨的心里其实早就有辍学这个想法了。于是，我先从班级教育入手，利用午会课开了一个"一个都不能少"的主题班会，防止田雨这样的消极情绪蔓延。班会结束后，又录制了主题为"奋斗的岁月不能没有你"的小视频，让全班每人说一句希望田雨回校的话。

到了晚上，我如约去了田雨家。

"田雨，你好，今天你没来学校，同学们可想你了。"

"钱老师——"田雨不知道说什么，叫了一声老师就语塞了。

"钱老师，你好，谢谢你，帮我们做小孩的思想工作。"田雨爸爸说。

"田雨爸爸，我今天来不仅是和田雨谈心，还想跟你聊聊，我们三方都要好好谈谈。"

……

三方交谈中，田雨反复说读书没什么意思，但情绪已经稳定了。我鼓励他，按他现在的成绩，完全可以进重点中专，将来找工作一样也很"吃香"。如果接下来每天再进步一点，考上高中也不是没有可能。而且，学校里同学在一起，比一个人在家里玩更有意思，边说边拿出白天拍摄的小视频放给田雨看。他爸爸也承认自己对孩子的教育操之过急，并说已理解了孩子的想法，希望他不要任性。临近结束，田雨还是有点倔，没有当场答应返校。田雨的爸爸则和我会心一笑。

第二天，田雨还是来到了学校，只是看上去有点胆怯。

那一天正好是教师节，我当着全班学生的面说，欢迎田雨同学回校，这是我今天收到的最好的教师节礼物。同学们也非常配合地欢迎、鼓掌。田雨不再胆怯，他的眼角含着光。对田雨来说，同伴的热情也是给他的最好礼物。

（上海市毓华学校钱磊供稿）

### 解读

教师常常有这样的经验：学生性格的差异、学习的差异，有时可能会影响自己对他的态度。随着社会发展和社会价值的多元化，影响教师对学生保持公平立场的因素在逐渐增多，如学生家庭的经济状况、学生父母的社会地位、独生子女的人际交往关系以及小干部之间的合作方式等。如何在教育中保持公平立场，对班主任成功履职来说，非常重要。

《中华人民共和国义务教育法》第二十九条规定：教师在教育教学中应当平等对待学生，关注学生的个体差异，因材施教，促进学生的充分发展。教师应当尊重学生的人格，不得歧视学生，不得对学生实施体罚、变相体罚或者其他侮辱人格尊严的行为，不得侵犯学生合法权益。《中华人民共和国未成年人保护法》第三章第十八条规定：学校应当尊重未成年学生受教育的权利，关心、爱护学生，对品行有缺点、学习有困难的学生，应当耐心教育、帮助，不得歧视，不得违反法律和国家规定开除未成年学生。

"天生我材必有用"，每个学生都可以成才，只是成才的目标不同而已。这应该是班主任必须确立的学生观，特别是要正确对待后进生，积极引导和帮助他们挖掘自身潜力。

### 案例4：老师会给你"保密"的

放学铃声响了，我刚放下批改作业的笔，准备去教室带领学生排放学的队，学生小李和两个同学急匆匆地到办公室来找我。"顾老师，我的一支自动铅笔没了。那笔可贵了，要50多块钱。同学告诉我，笔是小程偷的……"

原来，事情是这样的：放学铃声刚响，小李下楼去上厕所，小程来到他的座位上，看到一支精美的自动铅笔，就拿起来玩，这些情形都被小李周围的小朋友看在眼里。小李回来，看到小程坐在自己的座位上，就让他离开。整理文具时，小李发现那支自动铅笔不见了，反复询问同桌后，他把嫌疑目标锁定为小程。

听到这儿，我心里已经信了八九分。前后就那么几分钟，两个孩子都看到小程在玩那支笔，他的嫌疑的确最大。我开始思索对策：以班主任的名义去搜查小程的书包，当场解决问题？那不行，虽然节省时间，可万一真的是小程拿了，以后他在班级里如何自处？叫小程来，和这三个孩子私下沟通？也不太好，毕竟没有直接证据。万一小程死不承认，最后可能无法收场。想来想去，我决定先稳住小李。毕竟不管是不是小程拿的，总不能让小李他们散布小程偷东西的"谣言"，而且其他学生也急着想回家。于是，我对小李说："你们谁也没有亲眼看到小程拿走了笔，就直接说他'偷'，让人多难堪，也可能是掉在地上了，你们仔细找过没有？这样，我去跟值日的同学说一下，让他们扫地的时候仔细看看，兴许能找到。"小李一听，觉得我说的有道理，就和两个同学回教室去了。

小程是个小个子男孩，平时比较胆小，成绩也糟糕，但家长对他特别严格，这件事要是叫家长一起来解决，反而会节外生枝。最后，我决定找个借口让他单独留下来。

学生都走了，教室门口只剩下我和小程。我开门见山地说："小李的笔很好看，对不对？"他一听就急了，矢口否认道："老师我没拿，不信你翻我书包！"听他这么说，我心想，好小子，原来已经"战略转移"了。可是在什么时候转移的呢？想起他下楼上过厕所，又知道他素来胆小，于是我决定"使诈"，便故作高深地告诉他："你刚刚下楼，我就在身后。老师都看到了。"他一听这话，一下子无语了，眼神也游离开了，甚至手都抖了起来。看到他害怕的样子，我换了种口气，语重心长地对他说："孩子，人人都会犯错，只要能意识到错误，积极改正，还是老师喜爱的好孩子！"听到这儿，他如释重负，终于忍不住了，内心的害怕顿时化作泪水流出眼眶："顾老师，我知道错了，对不起！我知道错了……""老师会给你'保密'的。但你能不能也答应老师一个条件？"他点了点头。"一定要改正！"我拿出纸巾，帮他擦去泪水，柔声说道："现在就去把笔拿来，放在我的办公桌上，放好了你就直接回家，我就当这件事从没有发生过。只要保证以后不犯同样的错误，你还是我心目中的好孩子！好吗？"他擦干了眼泪，点了点头，眼神里满是感激，慢慢地走出我的视线。

我去教室检查了一遍卫生和门窗后，回到了办公室。看到桌上静静地躺着一支精美的自动铅笔，顿时觉得松了一口气。此时，照进窗口的夕阳，似乎较往日更温暖、更美好。拿起笔，迎着夕阳，我心里盘算着明天要给小李的"美丽谎言"。

（上海市青浦区实验小学顾叶青供稿）

## 解读

中小学生是未成年人，是有待发展的人，是需要精神抚慰的人。他们思想单纯、情感脆弱、经验缺乏，需要得到班主任的精心呵护、照顾、引导和保护。一个善于倾听的班主任，能及时察觉学生的喜悦和烦恼、肯定与疑惑。只有真正走进学生的内心，才能触摸到学生洞开的心灵，听到学生发自内心深处的声音。因此，班主任要善于倾听、交谈，做学生心灵的抚慰者。

雨果曾经说过：世界上最广阔的是海洋，比海洋更广阔的是天空，比天空还要广阔的是人的心灵。苏霍姆林斯基告诫班主任，要像对待荷叶上的露珠一样，小心翼翼地呵护学生的心灵。要成为一个受人尊敬的教师，班主任必须真挚地热爱每一个学生，关注学生的精神生活，关注他们的内心世界，学会俯下身子倾听学生的心声。

班级中，每一个学生都具有独特的个性，每一个学生都有自己的兴趣、特长和发展需要，都有自己的认知方式和学习方式。班主任应仔细研究学生，为每一个学生个性的充分发展提供广阔的成长空间。班主任对自己在班级学生成长中的多重角色，如果有科学合理的探索与实践，就能有效地创造出具有人文性和情趣性的班集体的生活空间，更好地促进学生的个性化、最优化发展。

总之，班主任在教育中承担的是多重角色，需要不断学习，博览群书，拓宽知识面，努力掌握现代科学技术，跟上时代发展步伐。

## 5. 实践检验——行动

> 班主任专业成长需要读书、学理论。但列宁说过："理论是灰色的，而生活之树是常青的。"实践是检验真理的唯一标准，也是唯一途径。所以，班主任应通过实践，在"行动"中找准自身定位，并切实扮演好自己的角色。

（1）那一天，我是如何安排自己的各项工作的？

（2）开展一次调查：我心目中的好班主任。

（3）对照上述几个案例，思考：今天，我们怎样做班主任？

## 6. 学材链接——推动

> "不识庐山真面目，只缘身在此山中。"青年班主任在破解角色定位这一难题时，不妨从专家学者和有经验教师的视角出发，来审视班主任这一角色。这样不仅可以有力"推动"今后的实践，或许还能为自己打开另一片天地。

［1］冯远村，张炎山. 班主任角色的认同与调适［M］. 北京：人民日报出版社，1993.

［2］梅洪建. 做一个不再瞎忙的班主任［M］. 福州：福建教育出版社，2014.

［3］李镇西. 我这样做班主任——李镇西 30 年班级管理精华［M］. 桂林：漓江出版社，2012.

［4］陈宇．班主任工作十讲［M］．北京：教育科学出版社，2014.

［5］赵惠玲．班主任角色网络体系初探［J］．班主任，2004（11）.

［6］张绪忠．班主任权威的确立与发挥［J］．教学与管理，2007（3）.

［7］王明珠．班主任应该扮演的集中角色［J］．黑河教育，2004（2）.

［8］朱希荣，等．现代教育意义上的班主任角色认识的研究［J］．高教论坛，2004（6）.

［9］黄永祥．班主任在班级管理中的角色［J］．中等职业教育，2006（4）.

［10］郑秀水．班主任含义与班主任角色的理性思考［J］．职业管理，2014（2）.

［11］冯泽英．对班主任角色的认识［J］．时代教育，2006（12）.

［12］张莉．班主任角色浅谈［J］．百家杂谈，2006（9）.

［13］王志成．班主任角色意识探析［J］．教学与管理，2004（9）.

［14］黄意清．班主任角色之我见［J］．中学课程辅导，2015（9）.

［15］雷文伟．试论班主任角色定位及其工作策略［J］．教学管理，2014（9）.

［16］王东凤．新课程理念下班主任工作的转变［J］．教学与管理，2004（11）.

# 问题 2　班主任怎样摆正教育和教学的关系

## ——继之以"思"

**【导语】**

在学校，教育与教学这两项工作的关系，理论上似乎谁都知道，而且谁都会说出一点道道来。但在实际操作中，往往会出现一种"跷跷板"现象：不是这边轻了，就是那边重了；不是这头抓得紧了，就是那头抓得松了。

对于初任班主任的青年教师来说，怎样摆正这两者的关系，更是一个两难问题。兼顾班主任工作和学科教学，使之相辅相成、互相促进，对所有班主任来说，都是一个很大的挑战。一面是备课上课、测验考试、教研听课，一面是班集体建设、各项考核评比，常常使众多没有经验的青年班主任顾此失彼，手忙脚乱。究其原因，还是对学科教学和班级教育缺乏深刻体认，将它们视为各自独立、相互疏远的两个世界。

突破这一隔阂的关键，不是一味地迎头而上苦干，而是深入思考后再干。班主任有质量的专业成长，从"动"字开始，须继之一个"思"字：思考、思索、思谋……

## 1. 现象审视——凝思

左手为"教育"抓狂，右手被"教学"缠住，两者兼顾不暇、平衡失势、疲于应付、了无头绪之际，班主任千万不可自乱阵脚，须沉心细想解决之道，"凝思"能否有一举两得、两全其美的办法，以避免如下班主任的遭遇。

一位曾经担任过班主任的青年教师在他的随笔中讲了这样一个故事：

## 我只当了一个学期的班主任

刚被分配到一所初中学校，我就担任了预初年级一个班的班主任，并任教语文。像所有新教师一样，我难以协调好学科教学与班级管理这两个方面的工作。一天下来，我发现自己总是很"忙"，又很"迷惑"，甚至"健忘"。应对教学工作，耗费了我大量的时间，让我心烦意乱。常常在临近下课时，我才记起课堂上的某件事还没有处理。可是第二天一开始上新课，我又会忘记昨天就应该做的事。

为了完成好语文教师与班主任工作两大任务，我一边不停地参加学科组的学习与培训，使自己适应新课程教学；一边忙于应付班主任的各项日常事务。工作与学习、学科教学与班级管理，哪个是主业、哪个是副业，两者的矛盾集中出现在我面前。有时遇到个别学生不争气，发生和同学打架等事件，班级被"扣分"，自己心情也被弄得一团糟。

一个学期之后，由于所带班级的情况比预期的差，学校领导就换了班主任。

其实，我是真心想把工作做好的。但是，大量的时间却被花在备课、上课、评课上了。有时，备一节课就要花一个晚上的时间。时间有限，精力有限，根本无暇顾及学生的思想动态，更别提了解学生、研究学生、帮助学生解决问题了。

调查表明，为了上好课，青年班主任要花大量的时间找资料、备课；在课堂上，既要调动学生学习积极性，又要维持课堂纪律；课后，要批改作业、辅导学生，还要参加教研活动，接受学校的教学评价。至于班主任工作，要做好班级日常管理，应对学生中发生的偶然事件，与家长联系，以及处理各种人际关系，还要根据学校要求对学生作出正确、公正的评价。这两方面工作中的问题，常常交织在一起。教育与教学的双重压力，使得他们难以适从，往往忙了这头就抓不住那头，很难找到平衡点，很容易产生个人情绪问题。

## 2. 问题诊断——熟思

问题不应成为前进道路上的阻碍，但可作为"穷则思变"的契机。"熟思"就是反复琢磨，分析问题性质，发现疏漏，弄明白是思想观念偏差，还是实践经验不足，这样才能对症下药，寻找对策，迎来柳暗花明的前景。

问题的产生原因：调查反馈信息

一方面，在当前的招生考试制度下，社会对学校的评价仍偏重于学生的学习成绩与升学率，导致学校评价班级、学生的成绩"权重"远大于品德"权重"。这样班主任既和其他学科教师一样被卷入同行间的分数竞争，又得为全班每个学生的总分奔走于任课教师、学生家长之间，其压力之大可想而知。

另一方面，对于青年教师来说，摆在他们面前的还有一个站稳讲台、提高个人教学适应性的问题。否则，上不了课，其他一切免谈。在这些压力下，青年教师难以把握好教育与教学两者的关系，对班级管理重智轻德的倾向较为明显，工作重点放在学生学科成绩的提高上，其他方面只求平安无事。因此，班主任工作较功利化，目标不远大，更缺乏创新意识。

调查中，有50%的教师反映备课花的时间比较多，原因是课改的要求高，加之自己不熟悉业务，写教案前要读较多的参考书，有时还要上网搜索资料。近90%的教师认为，在校除了批改作业、辅导学生，还要参加各类会议、业务竞赛、教研活动等，事情多得没有时间静下心来备课。在这种状态下，班级工作会暴露一些问题，甚至因个别事件处理不当，导致矛盾激化，工作积极性受挫，直至从班主任岗位"下课"。

## 3. 理论导引——反思

教育和教学从来不是孤立、分裂的。任何教学行为，总是包含着教育性。如何使两者有效结合，相辅相成，相得益彰，班主任需要从理论中找启示，用理论来"反思"教育教学实践，用"反思"来促进自己的专业成长。

### 对教育与教学两者关系的思考①

**（1） 教育与教学的内涵**

①教育的含义。

广义的教育泛指凡是能增长人的知识技能、影响人的思想品德、提高人的认识能力、增强人的体质、完善人的个性的一切活动。

狭义的教育主要是指学校教育，是教育者根据一定的社会（或阶级）要求，有目的、有计划、有组织地对受教育者的身心施加影响，把他们培养成为一定社会（或阶级）所需要的人的活动。

②教学的含义。

广义的教学是一定时间、地点、场合下传授经验的活动，即是指教的人指导学的人进行学习的活动。狭义的教学是在学校中传授经验的活动，即是指在学校教育活动中，以教师传授知识、技能和学生获得知识、技能为基础，教师的教和学生的学相互联系、相互作用的统一活动。显然，我们这里要探讨的是狭义的教育和狭义的教学的关系。

**（2） 对教育与教学关系的认识**

赫尔巴特（1776—1841），德国教育学家、哲学家、心理学家。他提出

---

① 参见赵建华：《浅议教育和教学的关系》，网址：http://www.docin.com/p-214319477.html。

"教育性教学"一词，说"教学如果没有进行道德的教育，只是一种没有目的的手段。道德教育如果没有教学，则是一种失去了手段的目的"。也就是说，教学的目的是教育，教育的手段是教学。

苏霍姆林斯基（1918—1970），苏联教育家。他认为教育就是形成"可受教育的能力"——使一个人对自己的成就和挫折非常关心。

陶行知（1891—1946），安徽省歙县黄潭源村人，中国伟大的人民教育家。他提出："先生不应该专教书，他的责任是教人做人；学生不应该专读书，他的责任是学习人生之道。"

《国家中长期教育改革和发展规划纲要（2010—2020年）》提出的工作方针要点是：把教育摆在优先发展的战略地位；把育人为本作为教育工作的根本要求；把改革创新作为教育发展的强大动力；把促进公平作为国家基本教育政策；把提高质量作为教育改革发展的核心任务。

**（3）对两者关系的再思考**

我们常说，学校无小事，事事有教育。学校的校风、教风、学风，教学活动，食堂管理，宿舍管理，车辆管理，卫生管理包括校园环境、厕所环境等，无不发挥着教育的作用和功能，甚至有人说"要让每一块墙壁都发挥育人的功能"。

就学校工作而言，教育工作者的一举一动、一言一行，无不蕴含着教育的因素。就教学活动而言，凡教学活动都渗透着、内含着、伴生着教育的作用。区别只在于是自觉的还是不自觉的，是积极的还是消极的，是进步的还是落后的，是深刻的还是肤浅的等。

就教育与教学的关系来说，教育是灵魂、宗旨，是着眼点和落脚点，教学是践行教育宗旨、实现教育目标的一种途径和渠道。当然，它是占有突出地位的重要途径和渠道。不着眼于人的全面发展的要求，而片面追求升学率，甚至不惜损害学生身心健康的教学活动，对受教育者个人、家庭、国家、民族、社会的发展都是不利的。

《学记》有云："学者有四失，教者必知之。人之学也，或失则多，或失则寡，或失则易，或失则止。此四者，心之莫同也。知其心，然后能救其失也。教也者，长善而救其失者也。"这一观点十分清晰地揭示了教育和教学的关系。

总之，广大教育工作者应该达成这样的共识：教育工作者以教育人为天职，教师是教育工作者，教育人是教师的天职。我们把工作当"教育"来做的时候，"教学"自然就做好了。教师劳动的对象是活生生的、有情感的人，所以我们所做一切工作的前提是建立在学生对我们有感情的基础之上的。古人云："亲其师，信其道"，现代人也经常说"要让学生喜欢你的课，先让学生接受你这个人"。这都说明教师职业的特殊性。

## 4. 案例研读——沉思

> 　　班级管理最关键的是摆正学生教育与学科教学的关系。"他山之石，可以攻玉。"在研读他人案例时渗透自己的思考，从而领会教育与教学怎样融合，体悟班主任工作效率应该如何提高。这一切，需要掩卷"沉思"。

### 案例 1：在点名工作中捕捉教育契机①

　　班主任的日常工作，离不开每天对学生的点名。那么，如何开展点名工作呢？毋庸置疑，定期的点名无论是对学生还是对学校管理来说都是很重要的。在一些学校，点名往往被视为神圣之举，一说到开会，大家总会心领神会地直接理解为点名，好像点名是会议进行的重要活动之一。很多学校甚至利用信息交互平台注册点评技术。试想，班主任根据仪式规定，机械性地点名，学生只是静静地坐着，也象征性地进行回答。这样的机械性点名，无疑削弱了班主任工作的意义和价值。

　　其实，点名制度和班主任教育工作有一定的必然联系，我们也可从中得出一些启示。比如，对缺勤学生的批评，可以增强其与教师的交流，提高学生的责任心。班主任要将教育意识时刻放在心里，抓住一切教育契机。也就

---

　　① 参见麦克·马兰、里克·罗杰斯著，张清泉译：《班主任一定要面对的 9 个问题》，中国青年出版社，2012 年。

是说，在进行点名的时候，班主任可以让学生进行思考、阅读和写作的训练。这样的训练活动要求班主任具备一定的创造性，对学生要有充分的了解，对自己所扮演的角色要有深刻的认识。为此，班主任可以制订日常学生管理的高效计划，开展如下的训练活动：

· 每个人考虑一下今天发生的最愉快的事情是什么？

· 你们的同学是否在今天说了让人不高兴的话？如果有，把它写下来。

· 明天是家长会，你希望父母提出什么建议？

· 把今天你印象最深刻的事情写下来。

· 小明上周在很多时候表现不佳，这周他是如何改进的？

……

即使在点名这么短的时间里，我们也能想出一些方法，就在一个个名字匆匆在我们耳边划过的时候，点名这项工作便成为教育的契机。学生学到的虽然有限，但接触到了更重要的思维方法。

## 解读

班主任的日常工作包括"点名"和"清堂"。学生到校后，班主任应到教室里清点班级人数，如发现有学生未到，应及时与其家长取得联系，并问清情况。放学时，要坚持"清堂"，即检查教室、校园内是否还有学生逗留，清点学生人数，并强调学生应按时回家。而在点名过程中善于捕捉这种教育契机的班主任为数不多。本案例所呈现的主题是：点名工作中蕴含教育契机。

抓住教育契机，就是要求教育者依据学生的心理特点，选择合适的教育方法和教育手段，在最有效、最易发生作用的时间里进行教育。在班级的日常管理中，教育契机经常有，不少还是可预见性的，如新生入学时的军训汇报表演、迎接新生的开学典礼、期中期末的学科学习质量分析、各种节庆活动等。也有一些属于偶发性教育契机，如学生考试作弊、班级发生失窃事件、学生冲突等。偶发性教育契机的出现并无规律可循，而且往往是稍纵即逝的，这就要求班主任有一双"慧眼"能够识别，及时捕捉并加以利用。

其实，教育契机就蕴藏在看似平常的教育教学活动中。一次活动、一场考试、一篇日记，都可能成为教育契机。著名教育家陶行知曾说："生活即教育。"冷眼静观，教育契机无处不在，班主任只有善于捕捉生活中的教育契机，使学生品尝到成功时的喜悦，或感受到失误时的遗憾，才能更好地增强教育效果，使教师的教育艺术达到一个更高的境界。

## 案例2：让学科教学和班级管理双翼齐飞

每天放学，我总是办公室里最后一个离开的人。喝完杯中最后一口咖啡，收拾好凌乱的桌子，关上电脑，背上小书包，再去教室里转一圈，便心满意足地下班了。这种惬意的节奏，是经过六年时间的不断失败、不断改进，不断徘徊、不断前进而慢慢形成的。回想六年的工作经历，自己在摸索中遇到了很多困惑，也收获了很多。

### 角色初体验——事必躬亲遇烦恼

踏上工作岗位那年，学校安排我教六年级英语和做班主任。本来就有点紧张的我，接到这样的任务后，更是忐忑不安，生怕在哪个环节上出现差错。

作为一名新手班主任，我在班级管理方面缺少经验。所以，为突出"严"字当头，我任何事情都要亲力亲为。每天早晨六点半从家里出发，七点到校就开始催促课代表们去收作业。接着，又开始监督学生的出操情况，要求他们做到快、齐、静。课间，也是一刻没有消停，班上几个"刺头儿"总要惹是生非，时不时就有学生前来告状，我就得去解决。中午，则要督促学生文明自修。好不容易熬到放学时间，还得去提醒值日生做好轮值工作，再向全班叮嘱一遍各科作业。一天下来，总觉得自己好忙。

作为一名新教师，既要抓班集体建设，又要努力站稳讲台。英语是一门需要背诵和默写的学科，为让每一个学生都"过关"，教师必然要花费很多时间。同时，新教师还要参加一系列岗位培训，参与学校里的集体备课等活动。这样下来，我总是忙于应付，疲于奔命。

一个学期下来，我的角色俨然像是一个"霸道总裁"，要求学生必须听我的话。但是事与愿违，全班学生的成绩没能达到我的理想目标，我的心情愈加郁闷。

寒假里，我静下心来，阅读了不少书籍，有苏霍姆林斯基的《给教师的一百条建议》、魏书生的《班主任漫谈》、万玮的《班主任兵法》等，并且做了大量的读书笔记。同时，向前辈、同事讨教经验，获得了不少启示，感悟到学科教学和班级管理需要而且可以双管齐下，相互渗透，相辅相成，这样才能既带好班级，又提高教学质量。我寻思着，怎样去探索处理好教育和教学两者关系的有效方法。

## 改变进行时——自主管理作用大

新学期开学后，我在班级管理上尝试了三条措施。第一，思想引导，让学生参与制定班规。在第一周的班会课上，我向学生提了三个问题：你希望我们班级是一个怎样的班级？你认为班级需不需要有班规？你能为班级做些什么？在热烈的讨论中，学生自己制定的"班规"出台了。既然是自己制定的，学生当然要努力遵守。第二，小组合作，让小组成员抱团进步。我将全班分为5个自主、合作小组，组长民主推荐，由班长总负责。5个小组分别在出勤、学习、守纪、卫生、文明等方面进行竞争，通过每周小结、每月总结，评出"文明小团队"和"文明小标兵"。这样一来，每个组长都积极督促组员早到校、勤背书、守纪律、做好卫生等工作。因为有小组竞争，班级的学风更浓郁了，集体荣誉感和小组合作精神更强了，组长的组织能力也得到了锻炼。第三，以情育人，走进学生的心灵。在半年多时间的接触中，我和学生之间建立了一定的感情基础。我以家人的身份向他们倾诉了自己的困惑和为难之处，希望彼此能做对方的坚强后盾。我还告诉他们，自己虽然是教师和成年人，但也需要他们的帮助和理解，希望每个人都能让我安心。

应该说，学生是淳朴善良的，也是积极向上的。实施了这些管理举措之后，班级发生了明显的变化。就拿教室卫生工作来说，原本总是隔三差五被扣分，现在有了自主管理小组，大家经常提醒督促，基本上不会被扣分了。组长在小组管理中发挥了作用，担负起组织组员默写的责任。除了个别学习困难学生需要我加强辅导，其他学生都是在小组内自主完成的。在这个过程中，我和学生的教学默契度日渐提高。

古人说"亲其师，信其道"，随着班级工作走上正轨，我的教学工作也慢慢得心应手起来。由于"班主任效应"，学生学习英语的积极性日益高涨，学习成绩在年级中也不断靠前。

## 体验式活动——教育与教学双丰收

为了进一步提高学生学习文化知识的主动性和积极性，我上了一节主题班会课，就"学习重要性"组织学生开展讨论。在课上，大家各抒己见，虽然似乎有点"说教"的味道，但可以看出学生对学习的认识有了进一步的提高。这节班会课给了我更多的灵感，何不利用班会课开展体验式活动，让学生在活动中长知识、增本领、学做人呢？于是，我把这个想法告诉了班委，让他们发动大家群策群力。

经过班委会集体商议，大家决定改编《龟兔赛跑》，对经典故事进行新创作。原本故事中的兔子，因为骄傲自满输了比赛，而乌龟虽然速度不快，但有坚定的信念，最终赢得了比赛。心地善良的学生认为，应该再给兔子一次机会，让他们重新进行一次比赛。学生希望经过一次失败的兔子能改掉骄傲的坏习惯，重新赢得比赛。在改编过程中，学生意见发生冲突，有的认为努力比天赋重要，但也有人认为天赋相对更重要。正当两种意见争执不下时，我以此为主题，上了一节班会课，组织大家对这个问题进行探讨。经过一系列辩论，学生最终得出的结论是：天赋固然重要，但是在通往成功的道路上，努力往往才是关键。

在舞台剧的改编过程中，学生渐渐体会到努力的重要性。于是，他们决定让兔子改掉坏习惯，不再骄傲自满。同样，兔子也很敬佩乌龟的坚持不懈。最终，它们携手共进，一起到达了终点。在舞台剧的编写和表演过程中，学生对英语学习的兴趣日益浓厚。在教学楼的过道上，总能听到学生的琅琅读书声。到期末考试，班级的平均成绩名列年级前茅。年级前十名中，我班学生占了大多数。

英语是初中阶段学生学习的主要科目之一，班主任要充分发挥学科优势，使班级工作和教学工作有机结合，相互促进，让学科教学和班级管理双翼齐飞，促进学生全面发展。

（上海市青浦区珠溪中学王思远供稿）

**解读**

一名新教师，一方面企求有一个相对稳定的班集体，另一方面也在关注着个人的教学成绩。教育与教学，双向成果的追求萦绕心间，难以厘清。两者的彼此纠缠，导致教育和教学的效果都不好，班主任自身被搞得焦头烂额，困难重重。其实，班级工作和教学工作不是割裂的，两者虽然看起来似乎毫不相干，做起来却可以"你中有我，我中有你"。在工作量上，班主任工作和教学工作相加并非一加一等于二，也许是一加一小于二；而从效果上看，结合得好，就可能是一加一大于二。

案例中的王老师，从最初的角色体验到改变工作思路，再到后来的活动创新，展现了一个新教师的成长过程。班主任事必躬亲，是"保姆"式的管理方式，不仅剥夺了学生的自主权，而且把自己弄得身心疲惫，结果还并不理想。小组自主管理的尝试，不仅发挥了学生的主体作用，让学生得到锻炼，而且培养了他们的团队精神与合作能力，有助于班级形成良好的班风。与此同时，班主任也从繁杂的事务堆里解放了出来，有更多的时间和精力研究学生、服务学生。开展体验式活动，让学生参与其中，明之以理，导之以行，促进学生感悟和思考，旨在引导学生通过亲身经历，形成正确的道德观和价值观，养成符合社会要求的行为习惯。

可以说，班主任工作能促进教师的教学工作，而教学质量的提高，也会直接影响班主任工作的开展。一个班主任如能把班级管理工作做好，得到学生的信任，就会促进他所任教学科教学工作的顺利开展。如果班主任的学科教学工作做得好，上课内容很精彩，学生也会乐于接受他的教育。当然，这二者既互相渗透、互相促进，又相互制约、相互牵连。也就是说，如果班主任哪方面的工作做得不够到位或不出色，就会影响另一方面工作的有效进行。

## 案例 3：别样的"英伦味"

英语是世界上使用最广泛的语言，也是当今世界上主要的国际通用语言之一。在诸多国际交往领域，英语一直是首选的交际工具。现在的小学生，在刚接触英语时，大都怀有一种好奇、兴奋、期待的心情。但时间一长，很多学生就对英语学习产生畏惧心理。究其原因，主要是他们在英语单词的读音和记忆方面有很大的困难。个别接受能力弱的学生，需要教师每天盯着他背单词，这也是困扰我教学工作的一个主要问题。

小学英语教学的重要目的是培养学生对英语学习的兴趣，而强迫孩子死记硬背单词会适得其反。作为一名英语教师和班主任，如何在提高学生英语水平的同时，培养其良好的道德品质？在实践中，我尝试着通过融学科特点于班集体建设中，进一步发挥学科育德功能，以创建班集体建设特色。

### 系统规划

我们学校在教师教学安排中采取"大循环"方法，这让我有机会对所带班级的教学进行长期规划。结合学生的年龄特点和学校每年组织的教学专项活动，我每年都会选择一个教学改进的突破口，在促进学生英语学习的同时，渗透德育意蕴，逐渐形成具有"英伦味"的班级英语文化。

| 年　级 | 学科切入点 | 德育渗透 |
|---|---|---|
| 一年级 | 英语儿歌 | 在英语儿歌中融入小学生活注意点，保障幼小衔接顺畅 |
| 二年级 | 英语歌曲 | 改编英文歌曲，融入行为规范，培养学生良好习惯 |
| 三年级 | 英语小报 | 通过分工合作，培养学生的合群意识和合作能力 |
| 四年级 | 英语小品 | 对生活中出现的问题，用"小剧场"演出进行针砭，寓教于乐 |
| 五年级 | 英语评语 | 生生评价，发掘各自优点，增强认同感，提高班级凝聚力 |

一年级新生没有英语基础，又活泼好动，英语儿歌学习是一个切入点。儿歌简单易学，能提高学生学习的自信心；而结合动作的表演，不但能满足他们爱动的需求，更有助于培养其注意力。如针对学生常常忘记带学习用品的问题，我改编了儿歌：A book, a pencil, I can see. A book, a pencil, I need you. A ruler, a rubber, I can see. A ruler, a rubber, I need you. 提醒学生每天都要带好书、铅笔、橡皮和尺等学习用品。

二年级学生有了一定的英语基础，节奏韵律方面也有了发展，但行为习惯上会出现反复。对此，融入行为规范内容的英文歌曲便是一个催化剂。如改编歌曲 *Walking Walking* 要求学生慢慢走路，保持安静：

Walking walking, walking walking.

Slow slow slow, slow slow slow.

Walking walking walking, walking walking walking.

Walking slow, to be quiet.

三年级开始，对学生的英语书写有了具体要求。为此，通过每月小组制作英语小报活动，培养学生良好的书写习惯。同时，在分工合作中，培养小干部的组织能力，提高学生的合群意识和合作能力。

四年级，随着知识的积累和能力的提升，学生对英语交际的需求更加明显。英语对话和故事表演，成了很好的途径。针对日常生活中出现的各种问题，学生在英语教师和外教教师的帮助下，分小组改编小剧本，结合主题教育活动，每月在班队课上进行表演，寓教于乐，让枯燥的说教变得生动形象。

五年级，学生的抽象思维逐渐发展，他们不再满足于简单的唱唱跳跳，对于自己的同学也能进行更加理性的评价。因此，我每天抽 2～3 分钟时间，让学生用英语写一写某位同学的优点。对教师来说，也能据此对班集体中的每个人有更全面的认识。对学生而言，在毕业时得到来自全班每个人对自己的评价，是再好不过的礼物了。

系统规划让"英伦风"来得有章可循，而且更为持久。学科和德育之间的相互渗透，让英语教学更有内涵，也让德育更有趣味。

## 活动育人

第一，集体生日会，浓浓师生情。

在一次三年级的班队主题活动中，我们举行了一个10岁集体生日会，反响很好。事后，有不少学生反映，班级里能不能每年都举办一次这样的活动。为了让活动更有针对性，我决定每月举行一次。凭着自己对烘焙技术的喜爱，我每个月都会为当月生日的学生准备一份小蛋糕，从马芬蛋糕到北海道戚风，从轻乳酪到木糠杯。每个学生在自己生日的当月，都会充满期待。我也用一个个小小的惊喜，让学生和自己走得更近。从此，每月一次的集体生日会便成了我们班级的传统。在悠扬的生日歌声中，送上一句真挚的祝福，不但让我和学生，也让学生之间的心灵靠得更近了。

第二，学习新思想，"教""学"共成长。

以区新课堂实验"以学定教，少教多学"理念为导向，我改变思路，将教学的出发点从如何"教"转变为关注学生如何"学"，从学生的角度进行换位思考。

例如，将过去英语课文学习的"单人过关"改为小组合作过关，以此来促使小组成员之间相互督促、相互帮助、相互学习。这样一来，学生学得更主动、更高效了。又如，要求学生以小组为单位，利用课余时间制作英语小报，布置班级环境。再如，在学习"fly an aeroplane"的教学环节中，在班级中组织飞纸飞机的接力活动。由我开头，介绍自己的 dream job：I want be a pilot. I want to fly an aeroplane in the sky…然后飞出纸飞机，接到纸飞机的学生继续介绍。于是，谁都期待着纸飞机最好能飞到自己这儿，学生的学习积极性一下子被充分调动了起来。

第三，英语"小剧场"，演绎"微生活"。

如果说英语小报的制作是教师将德育内容渗透在学科教学中，那么，英语"小剧场"的活动则是让学生主动发掘学科教学中的德育内容。

基于班级中出现的问题，或是班队活动确定的主题，我和学生一起改编书本上的故事，或直接上网收集一些英语小剧本，经过排练后在班队课上进行表演，真正将教育和教学有机结合在一起。其中，有关于勤奋的 *The Three Little Pigs*（《三只小猪》）、*The Tortoise and the Hare*（《龟兔赛跑》），关于诚信的 *The Shepherd Boy and the Wolf*（《狼来了》）、*George Washington and the Cherry Tree*（《华盛顿和樱桃树》）。参与表演的学生，在主动挑选和修改剧本的过程中，将英语知识和德育内容主动内化。其他学生也能通过"小剧场"，以一种更直观和有趣味的方式接受新知识。英语"小剧场"的活动既具有时效性、趣味性，又充分尊重了学生的意愿，因此深受学生欢迎。

在以上的实践探索过程中，英语作为一种载体，承载了班集体建设这个核心内涵。这一英语学科育德切入口的突破，加强了学生之间的合作，提高了班集体的凝聚力，更有助于形成优良的班级文化。

经过了一段时间的尝试、反思和改进，班级呈现出良好的风貌：班集体的凝聚力在不断增强，生生之间团结友爱，互相合作，学生能够正确认识自己所在群体和班集体的关系，正确评价他人。各种活动的开展，使得生生之间交流顺畅，齐心协力。过去很难一见的学校"文明班"流动红旗，现在也成了我们班级的"常客"。

总之，通过英语特色班集体的创建，这股别样的"英伦味"让我们班级不仅成为一个团结的集体，还形成了一种包容的文化。学生置身其中，行为习惯变好了，个性也得到了充分的发展。

（上海市青浦区重固小学许之一供稿）

## 解读

课堂不仅是传授知识的场所，更是德育的主阵地。班主任在课堂教学中，要努力挖掘学科中的育德要素，从学科特点和学生实际出发，从社会现实问题出发，对学生进行思想道德教育。将教书与育人有机结合起来，必将会收到"随风潜入夜，润物细无声"的教育功效。

案例中的许老师，积极发挥英语学科的育德功能，他的一些做法非常值得提倡。从小学一年级到五年级，根据学生的认知水平，采用不同的形式对英语教学如何育德进行顶层设计。首先，通过一年级的英语儿歌、二年级的英语歌曲、三年级的英语小报、四年级的英语小品、五年级的英语评语，营造了独特的班级英语文化，让学生感受到浓浓的"英伦味"。其次，活动育人，举办集体生日会，组织英语"小剧场"等，让学生参与其中，学知识、养习惯、长本领，促进学生个性的充分发展。班主任依托英语学科特点，创建班集体特色，在理论上更显专业性，在实践中更具操作性。这不仅提高了学生学习英语的兴趣，更加强了学生之间的合作，提高了班集体的凝聚力，优化了班级文化。

将学科育德作为教书育人的履职途径，作为实施素质教育、推进课程改革、加强未成年人思想道德建设的抓手，充分发挥学科德育的育人作用，帮助学生树立坚定的理想信念和良好的思想道德品质，实现认知的形成、情感的升华和实践的落实，是班主任的岗位使命。因此，班主任要加强班级常规管理，充分思考如何发挥学科的育德功能，准确把握学科核心价值，有效落实三维目标，使学生形成符合社会规范的情感、态度、价值观。

## 5. 实践检验——构思

> "知行合一"，是学习的最高境界。如何将学到的做出来，将做了的说（写）出来，以贯彻"知行合一"的理念，这要求我们很好地"构思"：构建一个教育教学兼容的操作体系，思考实践中如何提升认知和行动能力。

（1）联系自己的班主任工作实践，谈谈在处理教育和教学关系中遇到的困惑。

（2）设计一份学生自主管理班级的方案。

## 6. 学材链接——深思

班主任要博览群书，博采众长，从细碎烦琐的事务性工作中走出来，投身知识的海洋，从他人的实践智慧中汲取营养。偶尔浏览几页，蜻蜓点水般取经，不能解决实际问题。只有"深思"，才能在专业上获得有质量的成长。

［1］ 魏书生. 班主任工作漫谈［M］. 桂林：漓江出版社，2014.

［2］ 田冰冰. 轻轻松松当好班主任［M］. 北京：教育科学出版社，2017.

［3］ 王宝祥. 班主任必读：全国著名班主任论工作艺术［M］. 北京：教育科学出版社，2010.

［4］ 陈文斌. 班主任工作要求与工作基本规范［M］. 长春：吉林大学出版社，2010.

［5］ 黄和平. 浅谈课改中班主任的教学角色［J］. 班主任，2006（2）.

［6］ 秦尚标. 利用语文老师的优势，搞好班主任工作［J］. 新课程（小学），2013（3）.

［7］ 刘全礼. 从"个别教育计划"看教师的教育教学——论个别教育与因材施教（续）［J］. 班主任，2003（7）.

［8］ 齐学红. 班主任制度与班主任教师的身份建构［J］. 班主任，2015（10）.

［9］ 张爱闻. 缄默知识：教师知识权威的基础［J］. 班主任，2005（3）.

［10］ 刘铁芳. 教育叙事：教师专业自主发展的可能路径［J］. 班主任之友，2009（11）.

［11］ 黄正平. 能力建设：班主任专业化的关键［J］. 班主任之友，2006（2）.

［12］张聪. 班主任生成之困——当前我国班主任教育的问题及应对 ［J］. 班主任，2016（8）.

［13］李家成. 论班主任领导力的实现——基于对班主任、学生与科任教师关系的思考 ［J］. 班主任，2015（8）.

［14］陈家斌. 新课程背景下教师生存方式的反思与重建 ［J］. 班主任之友，2003（9）.

［15］李伟，郑蓓君，郑旭兰，张琼. 一位优秀班主任的世纪背影与教育之爱——基于湖北省武昌实验小学 1958 届 L 班毕业生的回溯研究 ［J］. 班主任，2015（4）.

［16］程方平. 尊重、倾听、诊断、对症，激活学习兴趣——关于转变学生厌学问题的思考 ［J］. 班主任，2017（6）.

# 问题 3　班级管理中班主任如何"刚柔相济"

## ——"探"字了得

**【导语】**

"现在的学生真是难管，管得太松，学生不听，不把老师放在眼里；管得太严，表面上看似乎规规矩矩、服服帖帖，但一旦班主任人不在，学生就像一团散沙。平时，学生和老师并不亲近，师生关系比较紧张。"这段话反映了不少青年教师的困惑。班级管得严一点好，还是宽一点好呢？一些新班主任常常会这样发问。其实，班级管理的对象是学生，是有思想、有情感的未成年人，因此，有效的班级管理应遵循"刚柔相济"的原则。所谓"刚"，是管理的严格一面，即以一定的"规矩"（如学生守则）去要求学生。所谓"柔"，则是以关爱去感染、引导、帮助学生。作为青年教师，更需要以"朋友"的身份出现在学生面前，以"刚"规范学生的行为，以"柔"促使其改变不良习惯。"刚""柔"如何"相济"，需要在实践中把握——就一个"探"字了得。

## 1. 现象审视——探测

班级管理中，如何处理"刚"（严格要求）与"柔"（宽容对待）的关系，不可一概而论。对此，班主任须全面了解与把握自己所面对的问题的实质，凭借敏锐的目光，去"探测"周围的各种现象，有所发现，有所感悟。

现实中，有的青年班主任以为师生之间距离太近，会控制不了学生，于是在带新班之初，便制定了一系列纪律，规范学生。日常管理大多采用"凶"式"治班方略"，学生一旦犯错，便火冒三丈，恶语相加，横加指责，甚至不惜用最严厉的手段进行处罚。结果学生口服心不服，自己还很容易招致学生怨恨。

也有些青年班主任，对学生很"民主"，可是学生并不领情，反而"目无纲纪"。班主任自己也想不通，这样做明明是尊重学生的主体性，他们为什么不理解。下面这些文字摘自一位青年班主任的反思笔记。

## 我该怎么办

工作的第三年，学校领导安排我当班主任。对于这项工作，我既紧张又兴奋。因为在学生面前突然多了"班主任"这个身份，我一下子感到肩上的担子重了许多。凭着前两年的工作经历，我决定发挥青年教师的优势，做一个"亲民"的班主任：和学生交朋友，从他们的角度思考问题。我想，这样做学生会喜欢的，班级也一定能管好。但一个学期下来，班级情况并没有如我所愿，各种鸡毛蒜皮的事已让我招架不住。

之前，有老班主任提醒我，课间要到教室去看看，要让学生安静待在教室。一开始，我认为这是小题大做，嬉闹是学生的天性，上课已经很紧张了，下课再被限制活动，对他们不是太苛刻了吗？可是，课间的教室就像炸开了锅，教师一出现便马上安静下来，一离开又回到沸点；而且，上课预备铃响了还是喧哗依旧，"安静"的叫喊声此起彼伏。直到教师走进教室，声音才算平息。

或许由于"民主化"过度，班干部的话也没有人听，有时连我这个班主任的话也被打了折扣。对犯了错的学生，我基本上是以谈心教育为主，只要学生能认识错误，保证改正，就原谅他。可是，我的宽容很多时候并不能得到善意的回报，有些学生信誓旦旦的"不再犯错"的保证并没有兑现。而我的一再容忍只能让他们感到，自己的犯错行为没什么大不了，老师的脾气好着呢。

面对一再下滑的班级成绩，我心里深深自责，也不无困惑：班级管理中，是重制度还是要有人情味，班主任该当"严父"还是做"慈母"？

## 2. 问题诊断——探查

> 实际工作中，很多班主任往往不是"刚有余，柔不足"，就是"柔有余，刚不足"，"刚"与"柔"很难有机结合，恰到好处。"探查"，旨在深入检查其中存在的问题，并对问题的原因、性质和程度作出正确的判断。

### 班级管理的问题与成因

**（1）问题症状**

权威绝对化。大部分班主任在班级管理中处于绝对权威地位，从制定班规、建立班委到评价学生，均由班主任一人说了算。班主任充当"管家""警察"，虽在一定程度上对学生的不良行为有限制作用，但也容易引起学生的不满，甚至产生逆反心理。

管理两极化。有的班主任事必躬亲，无所不管，管得过多、过死，造成学生依赖性强、独立性差，缺乏自我教育、自我管理能力。有的班主任缺乏明确的管理目标，一味放手让班干部管理，却没有给予培养和指导，致使班级无法形成良好的班风，如一盘散沙。

方法简单化。大部分青年班主任的教育方法以批评、惩罚为主，较少使用说服、疏导的方法。一些教师甚至采用讽刺、挖苦的话语批评、指责学生，容易挫伤学生的自尊心，导致其自暴自弃、破罐子破摔，甚至对班主任产生敌对情绪。

**（2）成因分析**

上述问题之所以存在，主要有以下原因。

一是班主任对班级管理职能缺乏正确认知。青年班主任一般缺少班级管理的专业知识和技能，基本上是凭着自己的感觉在实践中摸索，导致管理的盲目性。

二是班主任对自己的地位和作用缺乏正确认知。青年班主任没有意识到自己就是学生的"人生导师"，对学生只重视学习成绩，没有强调其全面发展。

三是班级尚未形成一套比较健全的管理机制。由于班主任欠缺理论指导，教育管理观念落后，导致班级一旦出现问题，总是"头痛医头、脚痛医脚"。

四是班主任对学生的发展主体地位缺乏正确认知。班级是由各个不同个性的学生组成的集体，班级管理的宗旨是使全体学生都得到全面发展，并发展每个学生的个性特长，而不少班主任尚未有这种自觉意识。

## 3. 理论导引——探悉

> "万丈高楼平地起"，做好班级管理也要从基础着手，在实践中不断"探悉"——试着寻找班级疑难问题的源头，多方寻求解决这些问题的对策。"问渠那得清如水，为有源头活水来。"面对问题，还得从理论上着眼。

班级管理基础

**（1）常规管理**

班级规范涉及方方面面，常规管理主要包括学习活动、班级纪律、环境卫生、班务档案等。

学习常规包括对预习、听课、复习、作业、考试以及其他与学习有关的活动的要求。纪律常规包括对教室活动、各项考勤的要求。环境卫生常规主要包括教室布置与打扫、卫生值日、公物管理、个人卫生习惯养成等。班务常规包括班级岗位责任制的实施、班级民主议事制度的实行、班级评先奖优的规定、班级活动管理程序，以及班级档案资料的管理等。

**（2）制度管理**

规章制度是学生在学习、工作、生活中必须遵守的行为规则，它能保证班级工作有秩序、有成效地进行。

班主任可根据《中小学生守则》和学校要求，从本班实际出发拟定各项制度的实施细则，如学习、卫生、爱护公物等，细则内容要明确具体，文字要简明扼要，便于学生掌握、记忆和执行。同时，通过各种形式进行宣传，提高学生执行制度的自觉性。对一些已在实施的规章制度，可根据实际情况逐步修订与完善。一些制度需要有一套比较完整的、可操作的运作机制，用于检查评比，保证公正公平。

制度规则要转变成学生自觉的规范化行为，须进行长期的、坚持不懈的教育和训练。

**（3）民主管理**

民主管理的含义是：让每个学生参与班级管理，同时遵循个人服从集体的原则，既享有权利，又承担责任。

班主任应组织学生参加班级工作的全程管理：在计划阶段，引导学生就工作目标的确定和实现目标要采取的措施等问题展开讨论；在实施阶段，注意发挥班级中学生组织、学生干部的作用；在检查阶段，班主任要和学生相结合，一起进行考评；在总结阶段，班主任也要和学生一起，评议班级工作，分析经验教训，探讨管理规律。

为提高民主管理水平，还需要通过召开民主生活会等途径，在班级里创造民主氛围。

**（4）活动管理**

班级活动的类型。一般有比较固定的班级例会（分周会和晨会两种），内容包括布置或总结班级工作、讨论计划、评议班集体建设等；主题教育（主题班会），内容以思想品德教育为主，形式多样，注重情境化；文体活动，旨在活跃班级气氛，增强班级凝聚力，如节日晚会、体育比赛等；文化学习活动，用于扩大学生知识视野，提高学生学习兴趣和积极性，培养学生独立学习能力，如学习经验交流、古诗词诵读、读书互动、作业展览等；科技活动，如举办科技班（队）会介绍科技新成就，参观科技场馆，组织科技兴趣小组等；社会实践活动，如参观访问、学工学农、专项调查、志愿者活动、挂职锻炼、精神文明共建等。

班级活动的组织原则。一是教育性，活动内容要体现党的教育方针，符合教育规律和学生身心发展规律，使学生通过集体活动有所收益，不能让活动变成一种纯粹的娱乐。二是针对性，活动要目的性明确，基于学生的年龄特点和发展需要，切合班级存在的实际问题，也可针对社会上的"热点"话题。三是整体性，即对活动的全过程，包括酝酿、计划、准备、实施、小结等阶段进行全方位考虑，对活动的主题内容、基本形式、实施过程、时间地点、参与要求等进行统筹安排。四是多样性，包括活动的内容和形式，内容要满足学生的求知、求新、求美、求乐、求奇的需要，形式要丰富多彩，符合儿童好动的特点。五是主体性，活动的设计与实施不能由班主任包办代替，可通过班委会最大限度地调动全体学生的主动性，使每个人都处于积极参与的状态，得到理想的教育效果。六是创造性，在活动内容上要随着社会的发展、环境的变化、学校教育任务的安排、班级问题的呈现而不断变化；活动形式要充分考虑到学生的性格特点、兴趣爱好而恰当选用，形式要依照内容设计，每次活动不求统一，使每个学生都能在活动中得到锻炼，学习知识，增长才干。近些年，班主任创造了许多新形式，如辩论式活动、测试性活动、组合式活动、系列化活动、模拟式活动等。

班级活动的指导。一是思想发动，讲清活动目的、任务，说明为什么要举行这项活动、活动的具体要求、活动可能出现的问题，并提出注意事项。同时，根据活动内容设计评价指标，说明活动结果评比办法。二是方法指导，在活动过程中加强观察，针对出现的问题，引导学生按照活动要求完成预定任务。三是及时调控，对班级里出现的活动干扰因素，如某一偶发事件致使有人对活动抱怀疑态度，及时调整全班心态，降低干扰程度。四是成果展示，包括展示手段与方式的选择和设计、展示场所的布置与展示气氛的营造等。五是活动总结，可以通过开小范围的座谈会征求意见，开全班大会交流收获、反思不足，召开班委会对活动全过程进行总结也是必要的。总结的内容可以用口头或板报的形式向全班通报，以便听取反馈意见，为今后组织班级活动积累经验。除以上基本方法外，还可根据具体的活动内容和形式，采用说服教育、情境感染、情感沟通、心理疏导、规范制约、舆论引导等措施。

班级活动的管理策略。活动的每一种方式方法，都有其适用范围和局限性，在选择时要注意比较。一是考虑具体任务的特点和活动内容的要求，如要在班级里树立正确的舆论导向，可以更多地采用说服教育、座谈讨论、事件分析、辩论会等方法；如要在学生之间培养良好的人际关系，则可以选择心理移位、角色体验等方式。二是考虑班级学生的实际情况，针对不同年龄阶段学生的心理特点、认识水平、自主程度、兴趣爱好，采用不同的方法。三是考虑教育对象本人的特点和班主任自身的条件，如规范制约、舆论导向等方法比较适合各方面表现较好、学生认识水平也较高的班级，对于正气一时不足的班级则难以奏效。而运用一些方法时，还要考虑学校教育管理环境等条件的制约。

## 4. 案例研读——探究

> 每一个案例，都是班主任工作实践的真实写照。其所述内容，无论深浅，都蕴含一定的班级教育与管理智慧，需要青年班主任仔细慢读，逐步"探究"，梳理出成败得失，品尝个中三昧，或能悟得其要旨，习成其方法。

### 案例1：制定班级常规的程序①

从1987年9月乐山一中高九〇级一班进校开始，我尝试着一种崭新的班级管理模式："法治"管理。具体操作步骤如下。

---

① 如何制定班级常规，这里引用教育名师李镇西制定班规的一个指导案例，从中可以学到制定常规的步骤和常规执行的原则。

## 引导思想：对两个问题的讨论

新生进校，我便向大家提出三个问题：第一，你们是否希望这个班最终成为一个好的集体？第二，若要让我们班成为好集体，需不需要每个人都克服自身的弱点？第三，为了保证同学们为集体的利益而克服自身的弱点，需不需要制定一个班规？经过讨论，学生们对这三个问题都能作出肯定的回答。这也在教师的意料之中。而全班同学都"希望班集体好"，这正是"法治"管理赖以实行的最根本的思想基础。因此，这第一步引导虽然容易，但非常重要，不可忽视。

## 统一认识：班规与《中学生守则》不尽相同

有学生说："在小学和初中，我们班也定过不少'班规'之类的东西，但很少坚持执行。我们现在制定班规会不会也流于形式呢？"

我这样给大家解释："《中学生守则》（以下简称《守则》）、《中学生日常行为规范》（以下简称《规范》）当然不错，但毕竟不可能具体针对一个班级的各种情况，而我们即将制定的班规，正是《守则》《规范》中相关纪律要求的具体化。另外，《守则》等条令虽然对中学生提出了合理的规定，但这些条款本身并不具有强制性。在执行过程中，人们一般认为这只是提倡，而非强迫，学生违反了《守则》《规范》也无相应的惩罚措施，久而久之，本来合理的规章制度最终便成了一纸空文。因此，我们制定的班规不应仅仅是道德提倡，而应是行为强制，应具有法律般的约束力，使之真正切实可行。"

## 确定原则：可行性、广泛性、互制性

班规当然不是法律，但它必须具有"法治"精神，其产生过程是自下而上由守法人自己制定等，都体现了"法治"精神。但这些还远远不够，在具体的班规内容上，"法治"精神还应具体表现在三个方面："可行性""广泛性"和"互制性"。

所谓"可行性"，含义有二：一是提的要求、规定应符合实际，便于监督检查，不能提一些虽然合理但难以做到的要求；二是不仅仅提出纪律要求，还应同时有相应的强制措施，明确"违反了又怎么办"，否则班级法规很可能成为一纸空文，无所谓"可行性"。

所谓"广泛性"，是说班规应尽可能地包容班级一切可能出现的违纪情况，以后凡是班内出现了违纪现象，老师同学都可以从中找到相应的惩罚措施，做到有"法"可依。

所谓"互制性"，即"法规"既应体现出学生之间的互相制约，又应体现出师生之间的互相制约，特别是学生对班主任的合理制约。也就是说，班规不仅是对学生的管理，同时对班主任也具有责任监督、权力限制的作用（这点是我主动让学生提出来的），而且应把这个监督权、限制权交给学生。

我要特别强调学生监督老师的意义。我让学生监督我，绝不是以"严于律己"的"高尚品德"来博取学生的"崇拜"，或"以身作则"使班规能够顺利实施，而是给学生树立一种观念：任何人都是有弱点的，因此任何人都需要制约。一切把班主任神圣化的认识都是危险的。正如"总统是靠不住的"，班主任同样是"靠不住"的。

## 起草班规：让每个人都成为"立法者"

学生的认识基本统一后，我又问学生："这个班规，应由谁来起草？"大多数学生说："当然是李老师啦！"也有少数学生说："由班干部！"竟没有一个人说："应由我们自己！"

我又开始引导学生："这个班不只是李老师的，而是每一个同学的，这个班好也是每个人的希望，制定班规同样是每个人的意愿，那么，这个班规理所当然由班上每个人起草。"我之所以要让学生自己定而不是由我拟初稿交予学生讨论，是因为我希望学生从一开始就意识到：班规是他们自己制定的，而不是老师强加给他们的。更重要的是，学生自己草拟班规，这样他们一开始就不知不觉地进入了自我教育、自我管理的角色。

当每个学生都交上了一份《高九〇级一班班规（草案）》后，我要求学生干部进行归纳、整理、加工，形成初稿，然后交给全班同学反复讨论、修改。由于大家都认识到班规正式形成后的权威性，所以讨论得极为认真，根据"可行性、广泛性、互制性"的原则对初稿进行字斟句酌的推敲。

比如，对"惩罚办法"的确定，最开始有人提出罚款，但多数人不同意。又有人提出罚站、罚作业等，仍未得到多数同学的认可。经反复讨论，大多数同学决定根据不同情况、不同程度的违纪现象采用这几种惩罚办法：为同学们唱一支歌（适用于较轻的违纪）、做值日生（违反课堂纪律影响同学学习，以此来为集体服务，表达歉意）、扫教室（影响了环境卫生，自然应该用自己的劳动弥补过失）、跑步（主要适用于不认真锻炼身体或违反体育课纪律的同学）等。又如，对于迟到的惩罚，最初规定："凡迟到一次，便当值日生一天。"但多数人觉得绝对不迟到难以做到，于是便改为"一学期迟到不超过6次，否则超过一次便当一次值日生"。这看起来似乎放松了对学生的要求，但实际上避免了绝对化、"一刀切"，而使班规更符合实际，易于执行，这些都充分体现了班规的"可行性"。

整个班规包括"学习纪律""寝室纪律""清洁卫生""体育锻炼""值日生""班干部""班主任""其他"共8个部分40条，每一部分中又有若干具体细则，基本上覆盖了班级管理的各个方面、各个环节，这便充分体现了班规的"广泛性"。班规的每一条都写明了执行者，并对执"法"不严者也有明确的惩罚规定，如："在教室里随地吐痰、扔纸屑等脏物者，一经发现，罚其扫教室。此项由生活班委监督执行。如生活班委监督执行不严，则罚其打扫教室。"这就防止了班干部有"法"不依、执"法"不严。同时，在我的主动要求下，班规专门设了"班主任"一项，并对我有以下规定："每月出现下列情况中的任何一种，均罚款两元或罚扫教室一次：对学生发火超过一次；上课拖堂两分钟以上；错批评同学一次；用不文明语言侮辱同学的人格；未经同学允许占用自习课上语文；执行本班规不严。对班主任的惩罚，由班长执行，全班同学监督。"班规还特别规定："全班同学每月以不记名形式对班主任工作投一次信任票，信任票未获半数，罚独自扫教室一次；连续两次未获半数，由班委向校长写投诉信。"这充分体现了班规的"互制性"。

## 执行班规："班规面前人人平等"

经过两周时间的反复讨论、修改，最后由全班同学以不记名投票方式通过了《高九〇级一班班规》。班规一旦正式生效，便成了班级"法律"。在它面前，班上任何人（包括班主任）既是守"法"者，又是执"法"人。不管是我、学生干部，还是普通学生，平时的班内管理便是共同全力保证班规的严格执行。面对班规，人人都有权利，同时人人都没有特权。对班主任来说，维护班规的权威，便是维护自己的权威；对学生来说，维护班规的尊严，便是维护自己的尊严，而教师的权威和学生的尊严都已通过班规转化为集体的意志。

以后三年的事实证明，班规的产生的确推动了良好班风的形成。而从高九〇级一班开始，我每带一个班无不实行"法治"管理。

### 解读

李镇西老师指导学生制定班规的过程，给了我们很好的启示：

其一，重视教师对学生制定班规的引导作用，目的是让学生明确：制定班规是为了有一个好的班级、好的集体，因此这是大家的事，每一个班级成员都应该关心和参与。

其二，制定的过程就是引导学生共同讨论班规、修订班规，直至完善的过程，这实际上是引导学生明确要有一个好的集体，大家应该怎样做，每个人应该承担怎样的责任。这是学生的认识不断深化并逐步趋向同一的过程，也是学生对班规的认同，并将这些要求逐渐内化为自我要求的过程。

有了这样一个过程，班级常规管理就有了良好的基础，也就有了达到预期效果的可能。所以，制定班规重要的是引导学生参与，发挥学生的聪明才智，唤醒学生的自主意识，培养学生自我教育和管理的能力。

### 案例2：班长落选之后

那是一个我半道接手的班级，学生即将升入八年级。这个班的班长陈玲

（化名）在学校里是出了名的"严厉"。得到这个信息，我暗自庆幸。班集体建设，班干部的作用不可忽视，有这么一个"强势"的班长，可省去我很多心思。

开学之初，由于刚接手，对这个班级学生的情况不是很熟悉，于是我依然任用这些"老干部"。虽然班委还没有选举，但自己心中的天平早已向他们倾斜。这些"老干部"似乎也很卖力，在我面前的表现还是可圈可点的，平日里也不需要我去多管。面对现状，心中不免感激前任班主任培养了一批如此能干的学生干部。

每天早晨巡视班级，课间下班级观察，是我带新班的工作惯例。有好几次，我还没走到教室门口，就听到班长陈玲在里面大声讲话，而且话语中带了几个脏字。当我推开门时，她的嘴巴张着，一脸气势汹汹的样子。看到这种情形，我心中不免多了一丝疑问，这个学生在同学中的威信如何呢？

我决定深入班级了解，找来了几个学生谈心，又走访了几个学生家庭。在深入交谈中，我了解到陈玲从小学一年级就一直当班长。一直以来，她说的话不管对不对，同学必须听，不然就要被她骂。做任何事情，她对别人要求高，对自己并不高。有同学在学习上向她请教，她会觉得问题太简单而不乐意回答，如此等等。看来，陈玲在同学中真是"不得民心"啊！我想，这大概是因为她长期担任班长，滋生了某种优越感，甚至"官场作风"，以致养成如今这种专横跋扈、独断专行的坏脾气。如果不帮她改正，长久下去，不仅对班级工作不利，而且也会影响她的品德发展。我要试着改变她。为此，在一个月之后，我决定重新选任班干部。

## 班长竞选，结果在意料之中

事先，我在班会课上进行了思想动员，强调了班干部的作用及竞选的意义，希望大家积极参与、踊跃报名，争取为班级出一份力。同时，向全班说明了竞聘的岗位和竞选的程序，解释了竞聘的条件或内容，包括工作能力（主要看平日表现）、工作设想和具体措施（主要依据演讲内容）、人缘人气（主要看获得的支持率）和才艺展示（自由发挥）四部分，并希望大家为班干部竞选作好充分准备。课后，果然不出我所料，原来的班干部很多都申报了自己喜欢的职位，陈玲也不例外。一时间，写稿子、练台词、秀节目，甚至出海报……申报者个个摩拳擦掌，跃跃欲试，甚至有一个学生还让我修改演讲稿。看着大家这么积极主动，我心里也暗自高兴。

十月长假后，在周一的班会课上，班干部竞聘活动隆重举行。

我把班委会的各个职务写在黑板上时，教室里的气氛马上热闹起来。竞聘者自告奋勇地一一上台亮相，还拿出了各自的看家本领——有的说话风趣，有的理由充足，大有志在必得之势。最后，学生投票表决，评委现场打分。

结果很快出来，陈玲只得3票，落选了。

当我宣读新班干部名单时，陈玲已伏在课桌上抽泣起来，我可以想象到她此时的难过心情。

## 促膝谈心，让她明白挫折也是一种财富

从小到大，陈玲一直被光芒照耀着。这次竞选，她没有被选上，自然感到下不了台。对她来说，这个挫折一定不小。所以，我必须找她好好谈谈，帮助她找出自己的缺点，并尽早改正。

放学之后，我特地到她家里进行一次家访。她的妈妈正在家，并且告诉我，女儿垂头丧气回到家，一头扎进自己的房间，连晚饭都不肯出来吃。看着她妈妈着急的样子，我安慰道，别担心，自己就是来找她好好聊聊的。

我走进她的房间，顺势坐到她的身边，然后语重心长地对她说："老师知道你现在的心情很难过，因为你一直觉得自己是班级里的好学生，周围的同学都很佩服你，而你的爸爸妈妈对你的期望也很高。可没想到这次班干部选举竟然落选了，你觉得自己丢了面子，心情糟糕透了。你也许会想'我比某某成绩好'，或者'我的组织能力比某某强'，大家这样对你反正就是不公平。于是你伤心，你觉得自尊心大受伤害，对吗？"

听到这里，陈玲微微点了点头，情绪也比较稳定了。

我又说，"几年来，你把同学们管得服服帖帖，老师也很欣赏你的这种能力。可是你有没有想过，自己在同学心目中的威信究竟怎样，这次落选的主

要原因又是什么？"

此时，陈玲抬起头来，用疑惑的眼神看了我一眼。

"你这次没能当上班干部，有了很多想法，这说明你对为什么当班干部还不理解。班委不是一种荣誉，更不是可以在同学或家人面前炫耀的'资本'。没当班干部也并非完全是能力不行。从根本上看，当班干部是让自己有一个能为大家服务的机会，同时也是锻炼自己能力的机会。你做出了成绩，就会得到大家的认同。所以，从这个意义上说，'没有永远的班干部'才是最合理的竞聘。应该让每个人都有当班干部的机会，这也符合'机会公平'的原则，你说呢？"

听我讲了这么多，陈玲脸上的表情也放松了许多，似乎明白了这些话包含的道理。

"没有当上班干部，这件事对于你来说也未必一定是坏事。人都会经历挫折，你就把这次落选当成一次小小的挫折，从中你可以看到自己的不足，并努力去改正。如果你能正确对待别人对自己的评价，那说明你进步了。希望你多角度地看待这件事，尽快调整好自己的情绪。明天上学，一定要抬起头、挺起胸，老师相信你一定会比以前做得更好。"

那天晚上，我接到了陈玲的电话。她说，自己已认识到了过去的不足。那时只知道管别人，看到同学犯错就批评指责，甚至利用自己的职权惩罚其他同学。而对自己，则要求不高，因此在同学中造成不好的影响。她承诺，以后一定要改正缺点，还表示仍然乐意帮老师做事，在下一次班长竞选中积极争取。

## 创设岗位，让更多的学生得到锻炼和提高

这次班干部竞选，除了陈玲，还有几个学生也落选了。我考虑到以后搞这样的活动，还会有人在竞选中落选。因此，与其在事后被动地一个个对落选学生进行谈心疏导，还不如多创设一些岗位，让更多的学生都有为大家服务和锻炼自己能力的机会，或者让更多学生在主动争取工作的同时，也经历一遍落选的考验。

于是，在和几个班干部商量之后，我在班级里创设了"小小志愿者岗位"。这不仅可以锻炼学生的能力，更能让他们在服务他人中认识到自己的劳动价值，体会到付出的意义。同时，这也为后续的班干部竞选作好铺垫。"志愿者"工作的内容有：帮助困难同学解答学习上的问题，主动为班级做事，协助班干部参与班级管理，为社区街道服务等。这样班级里每个人都可以认领自己的"小岗位"，每周五放学后集中活动一次。学期末，班级还将评选"我是小小志愿者标兵"。这个设想在班级宣布后，得到了大家的积极响应，纷纷争先报名。

与此同时，我组织了一次"我是小小志愿者"主题班会。班会上，展示了大学生志愿者活动的一些场面，让学生感受志愿者的魅力。教室里，学生也各展所长，通过朗诵、情景剧等形式，表达了对"小小志愿者"角色的理解。

从此，"小小志愿者活动"在班级日常生活中如期进行。在"志愿者岗位"上活跃着不少学生的身影，在大家的影响下，一些起先没有报名的学生也纷纷加入进来。慢慢地，班级各项工作井然有序，全班学生的责任心明显增强，为班级和他人服务的热情高涨，自我管理的能力也得到提高，积极向上的班风逐步形成。期末，在班级举行的"我是小小志愿者标兵"评选活动中，陈玲等人凭借自己的认真和踏实赢得了荣誉。

如今，学生已经进入九年级。在新学期又一轮的班干部竞选中，陈玲以自己的努力终于博得了全班同学的信任，全票一致通过，选她为新一届班长。

（上海市青浦区博文学校张夏敏供稿）

**解读**

这个案例中，班主任的做法是值得赞赏的。"班长落选"这件事，值得让人探究：一方面，班主任在班级管理中，对班干部如何既要培养和使用，又要重视他们是否具有"能上能下"的心理素质，并据此形成一种工作机制；另一方面，如何让更多的学生能在班级里发挥作用，即尽可能地细化班级中的服务岗位，使教室的每一扇窗、每一扇门、每一样物品、每一件工作都有人负责。对此，创设"小小志愿者岗位"，落实岗位职责，不失为一个好做法。还可以通过正面引导和评比激励，增强学生的责任意识、服务意识，培养学生自我服务、自我监督、自我管理、自我教育的能力。

关于班干部的选用，要重视把握如何选拔、任命、培养三个环节。①

第一环节：班干部的选拔。

一是班主任任命法。此种方法适合以下几种情况。第一种是班级组建初期，此时新生之间互不了解，学生某些方面的特长、能力或者缺点、问题还没有充分显露出来。为了便于开展班级工作，班主任可以临时任命几个学生当班干部。第二种是为了使班级工作正常开展，需要增补或者调换个别班干部，此时可采取班主任任命法。第三种是班主任为了转化某些具有鲜明个性特长的学困生，发挥他们的一技之长，让他们当班干部，这对他们树立自信心、克服自身不足，具有明显的作用。

二是民主选举法。通过民主的方式产生的班干部，能代表大多数学生的意愿，有利于开展班级工作。民主选举的班干部，通常有两种情况。一是当班主任发出"安民告示"之后，经过同学们的反复酝酿，最后采取无记名投票方式，差额选出班干部。二是可以让学生主动报名，参加竞职演说，具体做法是：班主任先说明班干部的岗位职责，然后让学生自由报名，再安排一轮即兴演讲，最后同学们无记名投票选举，通过民主投票产生班干部。这种方式产生的班委成员，在班级管理上肯定有亲和力。

三是轮流"执政"法。为了给每位同学锻炼自己和施展才华的机会，班主任可以采用轮流"执政"法。这种方法充分体现了现代人的参与意识，体现了学生高度自觉的班级主人翁责任感，同时也有利于学生在参与和竞争中培养自己的创新能力和奉献精神。

第二环节：班干部的聘任。

在聘任的时候，班主任要事先设计好一张精美的"聘任书"，在聘任书上

---

① 参见郑立平：《把班级还给学生：班集体建设与管理的创新艺术》，中国轻工业出版社，2010年。

写下对班干部的殷切希望，以及全班同学的签名，然后在班级里举行聘任仪式。仪式流程有：给新上任的班干部颁发聘任书，请他们谈感受或者为班级建设出金点子，最后班主任强调班干部的职责，要求班干部确立三个意识：一是服务意识，作为班干部，不是去管同学，而是首先为同学服务；二是主人意识，班干部不要仅仅把自己看成老师的助手，而应该把自己当作同学的代表，工作要有主动性和独立性，不要老是依赖班主任的所谓"指导"；三是创新意识，班干部要富有创造性地工作。可以说，这样的方式不仅能大大激发学生对班级的热情，而且凝聚了全班同学的信任和希望。

第三环节：班干部的培养。

对班干部的培养、任用，一般采取"三步走"的策略，即"扶着走，领着走，放开走"。

一是"扶着走"，关键是抓好每一个"第一次"。

班委会成立之初，大家都缺乏经验，往往不知道该干些什么、怎么干。所以，这时对班干部培养的关键一环是抓好每一个"第一次"。如组织第一次主题班会，第一次带领同学劳动，第一次外出郊游，第一次讲评班级情况，第一次和个别同学谈话……每个"第一次"的成功，对于班干部的成长至关重要。班主任应该在每个"第一次"的前后言传身教，作好示范。

二是"领着走"，关键是事前指导，事中点拨，事后分析。

在班干部稍微有了一定的管理经验后，班主任就要松开一只手，从搀扶变为引路，即使学生"走"得歪歪曲曲，也要坚持以他自己走为主。不过，班主任千万别忘了事前的指导、事中的点拨和事后的分析、评述，还可以组织每周班干部交流会，给大家一个互相学习、借鉴的机会。

三是"放开走"，关键是信任、鼓励，帮助班干部树立威信。

当班干部逐渐熟悉了岗位职责后，班主任就可以放开手让他们自己去做。在这个环节中，要给予班干部充分的信任和鼓励，积极创设各种条件，让他们到实际工作中去锻炼，完善自我。这时，民主评议逐渐成为监督班干部工作的重要措施。在此过程中，班主任要帮助班干部树立威信，对班干部的要求是"管好自己，带好头，做好事"。所以，班主任应经常教育他们：严格要求自己，树立为同学服务的意识，作好同学们的表率，并以出色的工作来换取同学们的信任。

案例3：拿什么奖励学生

在一次班会课上，我兴致勃勃地对几个成绩优秀或有较大进步的学生进行表彰。我表扬了这几个学生的努力和他们所取得的成绩，号召大家向他们学习，争取进步。接着，我把奖品"一个笔记本"发给了他们。正在这时，不知是谁说了一声："又是笔记本，多没意思啊。"顿时，教室里的气氛有点变味，又有学生插了一句："有总比没有好，先拿了再说。"这次我听清楚了，说此话的不是别人，正是班长小丁。说完，她大步走到讲台前，从我手中拿走了奖品"笔记本"，又若无其事地走回座位。我顿感万分尴尬，脸上没有作出任何反应，心里却十分不悦。其他学生也完全没有了刚才的兴致，就在这种无奈的气氛中，受表彰的学生陆陆续续地走上讲台，从我手中拿走笔记本。我原本想借此机会好好激励学生，没有想到最后却是草草收场。

虽然只是一个小细节，但在我的心里却掀起了不小的波澜，就像打翻了五味瓶一样，很不是滋味。回忆起参加区班主任培训时，培训班卓月琴老师曾强调："教育无小事，处处皆教育。教育的艺术就体现在敏锐地捕捉具有教育价值的细节上，如果教育过程中有更多的细节被发觉、被关注，那么教育就一定会变得更有效。作为班主任，在工作中要关注教育细节，善于发现细节，更重要的是要抓住细节，从小事做起，采取学生喜闻乐见的形式，以此探寻教育真谛，创生教育智慧。"所以，我在感到沮丧时，及时进行思考："是什么让这些学生对奖品如此不屑一顾？是我落伍了，还是现在90后的孩子眼界太高，只追求物质享受？"虽然疑问很多，但有一点我深信不疑：要做好班主任工作，首要任务就是全面了解学生。鉴于此，我决定做一次校园调查，调查内容就是"中学生对教师的奖励持什么态度？"

问题1：你对班级现行奖励措施是否满意？选择答案：（A）满意；（B）不满意。

问题2：你是如何看待奖励的？选择答案：（A）需要；（B）不需要；

（C）无所谓。

调查结果显示，对学校、教师给学生发奖状、奖品之类的激励措施，有59%的学生认为需要，26%的学生认为无所谓，另有15%的学生认为不需要；对班级现行的奖励措施，表示满意的为23%，不满意的则为77%。

仅从这份调查结果看，还不能完全了解学生的真正想法。为了更好、更全面地了解学生内心的想法，我召开了部分学生座谈会，话题是"你对班级实行的奖励办法有什么看法"。为了诱导学生敞开心扉说出真心话，在大家发言之前，我先来了一个抛砖引玉，讲述了自己学生时代和现在做教师时对这个话题的看法与体会。随后，在我的引导下，学生纷纷说出了自己的看法以及缘由：

A 同学：我觉得还不错，因为每次我都能得奖。

B 同学：我希望得到奖励，不管是拿什么奖品，总是有成就感的。

C 同学：不满意。因为老师只奖励成绩好的同学，我从来没拿到过奖品。

D 同学：有奖肯定是好事，可我的成绩一般，奖励跟我没缘分。

E 同学：奖励也就那么回事，没什么值得高兴的，所以我觉得没什么必要。

……

在你一言我一语中，我恍然大悟，并非学生漠视奖品。其实，在每个人的内心深处，都有一种被欣赏、被尊重的渴望。此时，我才真正地理解了"好孩子是夸奖出来的"这句话的深刻含义。回头再想一想班级里出现的发奖情景，静心思考其原因，主要是我在奖励项目的设计中，关注的是那些成绩突出的学生，从而使大部分人只能"望奖心叹"。"好学生"又因每次都能得奖，且奖品比较单一（总是笔记本之类的学习用品），所以对这种奖励方式也渐渐地变得兴趣不浓了。作为班主任，应该建立一种有效的班级激励机制，促使更多的学生积极上进。

于是，为了点燃学生内心的渴望，满足不同学生的心理需求，也为了找到更好的激励手段，我在班内组织了"我为班级献良策——同学最喜爱的奖励方法是什么"的金点子征集活动。学生的反馈结果真的是五花八门：有喜欢奖状的，也有喜欢学习用品的，还有喜欢食品的，甚至还有人提到了"发喜报"。更让我惊喜的是，有一些学生竟然"得寸进尺"，提议设不同的奖项，比如：广播操做得好的，奖励他做班级的领操员，并且实行轮换制；字写得好的，奖励他做板报编辑组组长；值日工作认真的，奖励他"爱劳动奖"。此外，还有"礼仪奖""作业进步奖""纪律进步奖""勤奋奖""爱心奖"等。学生提出的不少意见和想法，很有创意，其中一些确实具有可行性。

通过这次金点子征集活动，我了解了学生的内在需求，感受到学生积极向上的一面。我们成人也有这种渴望得奖的心理，何况是心智尚未成熟的中学生呢！于是，我欣然同意并接受了学生的所有建议。

接下来，我组织班干部一起分析、商量。经过几次协商，我们决定开展"每周之星"评选活动，评奖的原则就是抓住一切闪光点，并对其表示肯定。于是，为了让更多的学生有机会获得成就感，我班设置了多项评选内容，包括礼仪之星、服务之星、劳动之星、诚信之星、儒雅之星、学习之星、体育之星、孝敬之星等。另外，还会评选××小博士、学雷锋小标兵、××活动积极分子以及见义勇为奖、拾金不昧奖、乐于助人奖等。这样更多的学生就能得到鼓励和关怀，并从个人成就感中萌生出集体荣誉感。评奖时间定在每周的班会课，评奖办法由学生提名推荐，只要有三人提名就能参与竞选，最后由全班同学无记名投票选出。

实施一段时间后，我发现这样的激励措施产生了良好的教育效果，班级精神面貌有了很大改观，学风浓了，卫生质量高了，学生荣誉感强了，行为习惯规范了。平时，学生之间互相督促、自我约束、自主管理、自我教育的意识在逐渐增强。我想，评选"每周之星"就是引导学生进行道德行为实践和开展自我评价，其要义是鼓励学生"以我行塑我形"。为了增强学生的荣誉感，我不断放大获奖人物的事迹宣传，以"我行我秀"为标题，在教室里设置"星光灿烂"专栏，将获奖学生名单以及他们的照片张贴在教室墙面上，并配以简短的文字说明，为学生树立可亲、可敬、可信、可学的榜样，激励学生全面发展、健康成长。

学期即将结束时，我又组织了一次"星光闪烁"主题班会课。课上，先由学生说一说这个学期的收获和感受，以及给自己带来的改变。小元同学说："以前我从没有想到自己能够做一名升旗手，那是一项神圣、庄严的任务，我将铭记一辈子。我还要骄傲地对别人说，自己曾经是学校的一名'升旗手'。"小婷同学说："以前，我总以为入团是好学生的事，怎么轮也轮不到自己。这个学期，我很荣幸能进入少年团校学习，我想自己一定会以更好的表现，争取早日成为一名共青团员。"学生你一言，我一语，交流了各自的成长经历。那一刻，我感受到了班集体的凝聚力和积极向上的精神，同时也享受着班主任工作带给自己的满足感。

这个学期，学生升初二了。为了让评奖机制进一步激发学生的求知欲和努力学习的热情，促进学生全面发展，我及时召开班干部会议，和他们一起商量对策。经过多次研究，我们决定在班级以团队互助形式，建立"兵帮兵"同伴互助制，并开展"兵帮兵"明星学生评选。同伴互助的含义，是让双方在共同学习中获得学业、情感、交往等方面的体验，以此促进每个学生的发展。同时，建立"兵帮兵"明星学生评价机制：每周一小结，评周明星，每月一总结，进行表彰。通过组织学生开展自评、他评、综合评，推荐出班级"兵帮兵"明星学生，并在墙上展示。我相信，这项激励措施一定会让人有惊喜的收获。

（上海市青浦区重固中学王秋蕾供稿）

## 解读

人们常说，好孩子是"夸"出来的，可见激励在一个人成长过程中的重要作用。激励能使人处于一种兴奋状态，从而引发积极行为，出色地实现既定目标。在班级管理中，如何有效运用激励手段，激发学生的学习动机，使之产生积极向上的心理状态，进而产生自觉的行为活动，是班主任工作的一项重要任务。关于奖励，不同的教师可能有不同的做法，但其目的只有一个，那就是满足学生的成长需求，促进学生的发展进步。以上案例的启示是：在运用激励机制时，教师应注意以下两点。

一是把握本质，灵活变通。在实践中，班主任应根据班级具体情况，变通使用奖励方法，适应学生的发展需求，采取多样的奖励形式。同时，合理利用已有资源，凸显奖励功能。真正有价值的奖励，既能让学生感到自己被充分尊重，又能使学生朝着教师期待的目标努力。

二是且行且思，注重长效。任何一种奖励手段都不可能做到十全十美，很可能从一个角度看凸显的是优势，而从另一个角度看又恰恰呈现了它的劣势。所以，在奖励手段的设计与实施过程中，班主任要关注其实际成效，及时调整、更新奖励方法。其实，正如"教"是为了"不教"一样，在更高的意义上说，"奖"也是为了"不奖"，"不奖"或许是激励的终极目的。

班主任"拿什么奖励学生"，这个问题确实发人深省。不同年龄的学生，需求也往往不同。因此，班主任要研究学生，遵循学生身心发展规律，有针对性地使用激励措施，促进班集体的建设和发展。

## 5. 实践检验——探索

班级日常管理是常规性工作，虽繁复琐碎，但事无巨细，班主任须为此付出很多精力。事非经过不知难，班主任的教育智慧，何时用"刚"（施以纪律），何时用"柔"（施以奖励），需要在实践中不断自主"探索"。

（1）联系自身实践，谈谈班级管理中的困惑和有效做法。
（2）设计一份班级民主管理活动的实施方案。

## 6. 学材链接——探寻

班主任为班级管理而忙于"低头拉车"时，也需要常常提醒自己"抬头看路"。专家的理论，别人的经验，无法直接拿来套用，但是开卷有益，在不断比较、对照、借鉴中，总能"探寻"到对自己有启示的方法策略。

［1］郑立平．把班级还给学生——班集体建设与管理的创新艺术［M］．北京：中国轻工业出版社，2010。

［2］李镇西．我这样做班主任——李镇西30年班级管理精华［M］．桂林：漓江出版社，2012.

［3］陈海滨，徐丽华．优秀班主任60个管理创意［M］．上海：华东师范大学出版社，2013.

［4］李季，梁刚慧，贾高见．小活动大德育：活动体验型主题班会的设计与实施［M］．广州：暨南大学出版社，2012.

［5］郑立平．把班级还给学生：班集体建设与管理的创新艺术［M］．北京：中国轻工业出版社，2010.

［6］缪泽娟，吴艳炜．浅谈班级管理策略［J］．科学大众（科学教育），2013（4）．

［7］孙秀慧．女班主任的刚与柔［J］．职业，2010（5）．

［8］徐峰，罗君飞，卢婷婷．和而不同刚柔并济——浙江省宁波市鄞州区同济中学办学理念介绍［J］．现代教育科学，2015（2）．

［9］陈学梅．人治为主、法治为辅、刚柔并济——班级公约与人性化管理相结合［J］．读与写（教育教学刊），2010（1）．

［10］薛金坡．班主任在班级管理中应注意的细节问题［J］．科学大众，2008（2）．

［11］陈鹏云．刚柔并济，成就中学生管理工作的精彩［J］．现代中小学教育，2010（4）．

［12］李启志．塑造完美人格——新课改背景下的高中班级管理［J］．中国校外教育，2014（5）．

［13］张卫国，李婧，李剑敏．柔中带刚、刚柔并济：研究生"研讨式课堂"教学管理新模式［J］．学位与研究生教育，2015（11）．

［14］赵亚东，赵希男．论刚柔并济的激励体系构建［J］．现代管理科学，2005（11）．

［15］张梁平．以柔化刚，刚柔并济——也谈辅导员工作与柔性管理理念［J］．教育与职业，2004（8）．

［16］李英．刚柔并济，疏导班级学生自主管理［J］．中外企业家，2016（1）．

# 问题4　班主任怎样应对学生中的偶发事件

## ——多念"心"经

**【导语】**

天有不测风云，班级里、学生中总会突然发生一些意外事件。偶发事件具有突发性、不确定性，而且多数又带有紧迫性、不易控制等特点。对此，教师一般没有思想准备，也往往没有充裕的时间可以考虑对策。如若处理得好，不仅可以迅速平息事态，将事件带来的负面影响减少到最小，而且有助于提高教师在学生中的威信。相反，如若处理不当、不好，则极易使事态恶化，导致矛盾冲突激化，甚至酿成难以挽回的恶性事故。处理学生中的偶发事件，是班主任的职责所在，也是无法回避的工作。作为班主任，对此"飞来横祸"，"步步惊心"固然不可取，但未雨绸缪应不容置疑。在日常工作中，班主任对周围的人与事要用心观察，对个别学生身上表现出来的不一样的言行要有警惕心，对处于弱势群体的学生要多一点爱心，让可能会发生的偶发事件消失在萌芽之中。一旦事件突发，对班主任的教育机智、应变能力既是一场考验，又是一次锻炼。只要能定心面对、耐心了解、平心而论、精心处理……总之，多念"心经"，很多时候坏事也会变成好事。

## 1. 现象审视——留心

> 月晕而风，础润而雨。偶发事件虽很突然，但不会没有一点蛛丝马迹。班主任需要见微知著，事事关心，学会观察，处处注意，懂得分析。只要"留心"，就有可能透过现象发现本质，即使事出突然，也能备有预案。

在其研修笔记中，一位青年班主任提出了下面这个问题，这恐怕是不少教师内心的困惑。

### 偶然中是否有必然

开学第一天，我把最新一期《青浦报》贴在班级的学习园地里，报纸头版有新任青浦区区长的照片。我的目的是想让学生了解青浦地区的发展情况，知道今日的"父母官"是谁。可好景不长，没过几天，我发现照片上区长的两只眼睛被人"挖"了。顿时，我非常生气，想好好教训那个"凶手"。第二天晨会课，我特地找来几篇诚信小故事，饱含感情地讲给学生听，并强调诚信是做人的根本。然后，我顺势指着学习园地说："同学们，学习园地是展示学习成果、反映全班成长轨迹的一块阵地，是供大家交流、欣赏，展示成功、取长补短的一个平台。可现在的情况是，老师最不愿意看到的事出现了（我手指报纸），希望这位同学能敢于承认自己的错误。"话音落下，没想到没有一个学生站出来承认自己的错误。我心想，可能是当着大家的面，他觉得不好意思，于是就说："这样吧，如果这位同学确实认识到自己做错了，可以下课后到我这里来说明一下。"

课后，✕同学过来了。这让我感到很意外，因为他是一个平时表现相对较好的学生。我耐心地教育了他一番，他也认识到自己的确做错了。

过了几个月，类似的事情又发生了。这次是班级黑板报上画的牛被人擦去了两只耳朵，当事人竟然还是✕同学。之后，我深入调查了他的情况，发现他家庭健全，自己又无任何心理不健康的征兆，同学之间也相处得较好，但总要破坏教室里的环境。而在我对他进行批评教育时，他的态度总是良好，但过后又未见其改正。这个学生犯错，到底是不是偶然的呢？

实际上，每个班级都不同程度、不可避免地会发生类似事件。这类事件如果班主任没能及时发现，或发现了不教育，或处理不当，都会对班集体建设留下隐患。如果处理得当，可成为教育学生的契机，产生难得的教育效果。

这些事件的发生是偶然的，班主任经常留心，难保不能从现象背后发现一些规律性的东西。

## 2. 问题诊断——细心

"偶然"之中，往往隐含着"必然"的因素。学生中出现的一些问题，发生的频率并不高，如果班主任不去分析其原因，错过或遗漏了，这无疑会给以后的教育增加难度。"细心"就是细致、周到地对待，这样才能防患于未然。

常见学生偶发事件成因分析

**（1）学生自身因素**

学生的学习压力、人际矛盾和情感问题等，都有可能引发偶发事件。这些自身问题，主要表现在以下几个方面。

一是性格异常，情绪不稳定，感情易冲动，心胸不开阔。这样的学生，与人交往时不会换位思考、协调关系，遇事总以自我为中心，不顾及他人感受。所以容易与人发生争执，甚至动手动脚。劳动、运动中的偶发事件，多数是因此而引起的。

二是做事大大咧咧，顾头不顾尾。这样的学生，情感、思想上都没有问题，最大的缺点是遇事先做再想，甚至做了也不去想一想。有的学生，嘴巴、手脚不受大脑控制，但不属于多动症，易发生伤害性事件，不是自己受伤就是伤害他人。当然，随着年龄和阅历的增加，他们的自我控制能力也在增强。

三是兴趣爱好少、朋友少，家庭不和谐。这样的学生，与人很少交往，不健康的想法和不稳定的情绪长期得不到宣泄，常常因为一点小事而爆发冲突事件。事件发生后，还很难把他们的思想认识拉回正轨。为一些芝麻绿豆的小事做劝说工作，确实很难。

四是个人需求得不到满足，寻找发泄对象。学生的精神需求有多种，如被人尊重和理解。有些学生一旦得不到满足，便会采取破坏性行为。有些学生受到家长或教师的批评甚至惩罚后，心理不平衡，以至有怨气，便会产生报复心理，寻找发泄对象。对象可能是刺激他的人，也可能是与他毫不相干的人。

五是自我表现欲的驱使。有的学生认为自己在某个方面比较突出，却因评比中比别人稍逊一筹而产生在人前一展才华的念头。如果当时表演太投入或演砸了，或得不到他人认可，便有可能失去理智，做出出格的举动。

**（2）教师、家长因素**

学生中的某些偶发事件，常常是教师、家长不得体言行的多次刺激所造成的。有些教师、家长批评教育学生时，言语尖刻，或不注意场所，或不给学生留后路，或对学生有明显的歧视行为，或教育方式简单粗暴，或体罚、变相体罚学生等，这就可能因一件小事而造成较大的冲突事件。例如，有个班级经常有学生上课顶撞老师、负气出走的事件发生。究其原因，在班主任身上。原来这名班主任遇事易冲动，常迁怒于学生，动不动就批评他们；平常说话做事不讲原则，有时还言而无信，对学生缺乏爱心。

**（3）学校因素**

学校的某些设施不安全，管理不到位，以及忽视安全教育等，都是产生偶发事件的重要原因。

偶发事件让众多班主任头疼不已，但若能处理好，则意义重大。对学生来说，班主任的正确处理，能提高他们辨别是非的能力，增强师生之间的和谐关系，还能起到受教育的作用。对班主任来说，偶发事件的恰当处理，能体现自己的聪明才智，增强处理紧急事件的能力，还有助于提高自己在学生中的威信，并对以后的工作起到促进作用。对班级来说，偶发事件的恰当处理，能维护班级纪律，形成正确的舆论氛围，促进良好班集体的形成。

## 3. 理论导引——悉心

> 对偶发事件的应对，考验着班主任的教育智慧和人格权威，也离不开一定的理论储备。要取得良好的处理效果，班主任须有相关理论的支撑。"悉心"学习，就是用尽所有心思去学，从中获取基本原理、基本方法。

### 校园偶发事件的种类、处理原则和策略

校园偶发事件是指发生在校园里，严重影响学生个体身心健康和危及学生人身安全或班集体利益与形象，干扰正常教育秩序的事件。

**（1）偶发事件的种类**

与学生有关的校园偶发事件主要有：财物被窃；食物中毒；生生冲突和师生冲突；交通安全事故；运动伤害；自我伤害；学校教育设施、器械不安全造成的伤害；教师教育失误造成的伤害；不可抗拒自然因素造成的伤害；暴力或性侵害。

为了有效防范、应对和处理偶发事件，降低乃至消除学生的意外伤害事故，班主任应熟悉学校制定的有关偶发事件应急处置预案。预案可以包括常见的学校偶发事件种类、各种偶发事件相应的处理程序，以及处理伤害事故的基本原则等。一旦学生在校发生伤害事故，班主任可以马上根据自己的职责和处理预案开展工作，对伤害事故进行有效控制。

**（2）偶发事件的处理原则**

**及时性原则**。偶发事件有突然性，如不能及时发现，并得到妥善处理，会带来严重后果。有些事件甚至会对学生的一生造成无法挽回的伤害。

**主次分清原则**。班主任遭遇偶发事件，先采取哪些办法，后采取什么措

施，要分清主次。发生伤害事故，先救治再调查事实真相；当事人情绪激烈，先稳定情绪再辨别是非；学生出走，全力寻找与通知监护人要同时进行。

**理智应对原则**。一旦发生偶发事件，班主任必须沉着冷静，内紧外松，控制本人情绪，保持良好心态，调查前因后果，理智处置矛盾；切忌戴有色眼镜，凭主观臆断下结论。

**教育性原则**。处理偶发事件，不宜就事论事，"摆平"了结。班主任要引导学生从已发事件中汲取教训，自己也可由此举一反三，做好相关教育工作。

**平等性原则**。偶发事件如果涉及师生关系，处理时双方的地位是平等的。班主任在解决矛盾过程中如有不当言行，应该及时"认错"，不能因为需要维持教师权威而固执己见。

**灵活性原则**。一个班级的学生，个体之间差异不小。同样的事件，在处理原则保持不变的前提下，班主任可以采取不同的处理方式，以求得最佳的教育效果。

**关爱性原则**。处理偶发事件，要从有利于学生今后发展的角度出发，无论宽或严，都不是为了应付学生或整治学生。这样即使处置有所不妥，也可获得学生的谅解与理解。

**适度性原则**。处理偶发事件，不管采用何种方式，都要有大局观，掌握分寸，宽严适度；既不可因事小视而不见、听而不闻、置之不理，又不能无限"上纲上线"。

**合理合法原则**。处理偶发事件，班主任切忌从个人好恶出发，处理措施应符合法律法规，符合教育规律和学生身心健康需要，符合学校规章制度，这样才能使当事人心服口服，并收到良好的教育效果。

**反思性原则**。对偶发事件，不可为处理而处理。班主任应引导当事学生自我反思，从根本上寻找与本人有关的原因，使学生以后面临类似问题时少犯或不犯错误，把坏事变为好事。

**协调性原则**。学生中的偶发事件，肇因多端。班主任处理时，要尽量取得其他任课教师、学生及其家长、社会等各方面的帮助，形成教育合力，协同解决问题。

**情感沟通原则。**学生偶发事件，无论是否与家庭直接相关，班主任要及时与学生家长联系，并注意情感沟通。事件处理有了情感基础，常能收到事半功倍、水到渠成的效果。

**（3）偶发事件的处理策略**

**降温。**"降温"是一种"冷处理"，通常针对某些矛盾激化的偶发事件，即暂且"搁置"一下，或稍作"淡化"，留待以后再从容处理。实施时，班主任要沉着冷静，对事件不轻易下结论，可作一个预见性的"交代"，以平息现场紧张气氛，并让学生理解这样处置的理由。面对头脑发热、情绪不稳的学生，同时也为防止自己心理失衡，"降温"能使班主任赢得冷静分析事件因果、充分作好教育准备的时间。实施"冷处理"，并不是不处理，也不是拖延不及时处理，而是为了尽量减少偶发事件的负面影响，争取在调查了解后，寻找最佳教育时机，最终解决偶发事件引出的问题。

**变退为进。**许多课堂上的偶发事件，在有些时候常常使教师猝不及防。如学生忽然提出一个难问、一道怪题，或者教师自己一时出现"暂时性遗忘"，忘记了某个问题该如何解答。遇到这类情况，班主任不必急于寻求直接的解脱之法，而是可以将问题"转嫁"给学生，发动大家一起思考。这样的"变退为进"，既可调动、发挥学生的学习积极性，将偶发事件化为生成性教学资源，又能为自己争取到"喘息"时间，考虑解答对策。

**移花接木。**有些偶发事件，无论时间和条件是否允许和具备，要马上处理、即刻解决，不处理无法平息当事学生的情绪。但有些"纠纷"类的事件并非一定要弄得水落石出、是非曲直，过些时间，这样的事件或许就不再成为"事件"。对此，班主任可用"移花接木"来处理，利用学生身上的某个"闪光点"，转移学生的注意力，使这些"纠纷"在他们彼此不知情的情况下自然解决。采用这一策略，关键是要找到学生身上的"闪光点"，使"移花接木"自然而不露斧凿的痕迹。

**幽默化解。**学生之间的一些分歧，原本不必争个曲直长短，但因为年少气盛，稍微话不投机，便会酿成偶发事件。对此，班主任如果非要追究下去，不但容易形成尴尬局面，而且还可能越弄越糟。遇到这类情况，聪明的办法是运用幽默来化解分歧，缓解冲突。幽默本身就是教育的艺术，是智慧的表现，包括人的语言、神态，乃至动作、姿势。它不仅可用于调节对立双方的情绪，而且也是人际关系的润滑剂。幽默的使用，能将一场冲突消灭于无形，所谓"谈笑间，樯橹灰飞烟灭"。

**趁热打铁。**教育具有时效性。课堂上的一些偶发事件，班主任若能及时、果断地处理，做到趁热打铁，常常可以获得意外的教育效果。让学生在课堂上发言，有时会出现站起来却一言不发的情形。面对此类经常性的"偶发事件"，马上换人，甚至批评训斥几句，并非良策，还会造成"师生冲突"。有经验的教师则善于诱导学生开口，并在学生说完后再评论、鼓励一番。这样不但未使自己在教学过程中受挫，更让那些胆小、害羞的学生增强了与人交流的自信。

**暂时悬挂。**课堂教学或其他班级集体活动过程中，难免会有偶发事件出现。对此，班主任一般可将事件暂时"冻结"——悬挂起来，待事后处理，教学等活动仍按原计划继续进行，不因偶然事件的出现而受到影响。当然，这类偶发事件一定是教师可以有效管控的，不会因为被"悬挂"而影响学生的身心健康，也不会因为没有马上处理而影响大局。更为重要的是，课后必须及时处理，不能由于时过境迁或者另有要事缠身而将此事置于脑后。

**以智制"邪"。**课堂上的偶发事件层出不穷，其中不少是由于一些学生的"鬼点子"。对此，班主任需要沉着应对，"以智制'邪'"；尤其是对那些"矛头"指向自己的事件，更不可以"一触即跳""怒不可遏"，以致中了"恶作剧"者设下的"圈套"。相反，应该运用自己的智慧，借力打力，或作一番自我调侃，或抱着一种欣赏的姿态淡然处之，从而"化腐朽为神奇"，将原来的负面作用转化为正能量，教育学生如何面对人生挑战。

**因势利导。**学生的学习情绪是影响课堂教学效果的一个重要因素。上课时，学生往往会把上节课或课间发生的事件所引发的情绪带到课堂上来。如果这种情绪是积极的、健康的，当然有利于这节课的教学。而一旦学生带着某种不良情绪进课堂，就会影响整节课的教学气氛。如果有这种情绪的学生不止一两个，消极影响就会更大。不管哪种情况，班主任的处理策略应是因势利导，让"好情绪"发挥促进作用，让"坏情绪"或通过某项与本节课内容相关的活动得到宣泄，或指导学生"暂时悬挂"。

**给点宽容**。宽容，是偶发事件处理的心理基础。课堂上，对于并非"蓄意"而为的偶发事件，给予一点宽容，是教师教育艺术的一种表现，更是教师宽广心胸的一种展示。当然，宽容不是无原则的迁就，也不说明教育者软弱无能。给在偶发事件中犯错的学生一点宽容，目的是促使他在心灵深处进行反省，体会和理解教师的宅心仁厚和用心良苦，进而开展自我教育。宽容作为一种教育技巧，其全部奥秘就在于教师要热爱每一个学生。

## 4. 案例研读——精心

> 德国教育家第斯多惠说："教学的艺术不在于传授本领，而在于激励、唤醒、鼓舞。"偶发事件往往是教育的契机，它的处理又包含着班主任的工作艺术。精心学习相关案例，用心体会，周密观察，这样才能发现教育艺术的"运用之妙，存乎一心"。

### 案例 1：一次学生流血事件

新学期开学不久，我便接到学校通知，9 月 28 日全校六年级新生将赴青浦区青少年素质教育实践中心参加为期三天两夜的综合实践活动。对于第一年工作的我来讲，这是新鲜事。我必须慎重对待，但更希望通过这次活动能让这些小王子、小公主们有所改变，为初中的学习生活打下良好基础。对于刚刚升入初中的学生来说，这也是他们头一回离开父母、离开学校。当我把这个消息告诉学生时，大家欢呼雀跃，高兴的心情无法形容。为了保证活动安全有序，我向有经验的老教师请教，并根据实践中心的教学内容，以"团结合作，文明自律"为班级努力目标，宣传动员，教育在先。同时，再三对照注意事项，唯恐还有自己没考虑到的地方。

## 突发问题，意料之外

期盼的日子终于来到了。9 月 28 日，天气晴朗，学生穿戴整齐，精神抖擞，乘着大巴来到实践中心。一到目的地，负责带队的生活老师和教官就带领这些学生以小组形式分别去寝室学习内务。

没过一会儿，我的手机就响了。电话那头是生活老师焦急的声音："小王老师快过来，出事了。"我的心一下子紧张起来，怎么刚到就出事呢？一边心里在责怪，一边又急又气地奔向男生寝室。映入我眼帘的情景是：杨阳（化名）同学用毛巾捂着头，血丝还不停地往外渗，一旁站着的陈斌（化名）同学，神情紧张，身体瑟瑟发抖，低头抽泣着。一看就知道，两人发生了冲突，我的火气直往脑门上窜。但面对眼前情景，我认为第一时间送孩子去医院救治才是当务之急。

## 诊断分析，沉着应对

于是，我马上联系了基地领导，安排车辆陪杨阳同学去了中山医院。

一路上，看着杨阳同学煞白的脸，我不禁想起第一次见到他的情景。

那是开学没几天，学校教导主任通知我："小王，一位叫杨阳的同学要插到你班，这位同学的情况有点特殊。他去年已读过六年级，由于学习和行为上存在较大问题，原来打算去初等职校就读，不过他父母还是决定让孩子重读六年级。"说实话，刚听到这个消息，我心里蛮不情愿，刚刚带顺几天的班级，突然来了一个"刺头"，谁知道会发生什么情况。但即使一百个不情愿，也没有用，只能接受。

接下来的日子里，我担心杨阳的不良行为会影响其他同学，于是对他的一举一动严加"监视"。也许已意识到我的关注，也许是真的懂事了，在这一个月里，杨阳的表现还算令我满意。

可想不到，一离开我的视线他就出事了，真是个不让我省心的孩子呀！

到了医院，医生建议做 CT 检查。在等待结果的时间里，我一边打电话通知双方家长，一边了解事情的原委。经过是这样的：教官带领学生开始整理内务，杨阳和陈斌分在同一组，杨阳睡上铺，陈斌睡下铺。在整理过程中，杨阳认为陈斌故意把鞋子放在他去上铺的"必经之道"，于是就推搡了陈斌。而陈斌也不甘示弱，随手将手中之物——皮带（军训时刚发的）甩了过去，接着就是我看到的那一幕。

检查报告出来，医生确诊是皮外伤。我紧张的神经放松了，终于舒了一口气。

这时，杨阳和陈斌的父母先后来到医院。我把事情经过详细告诉了双方家长，然后真诚地对他们说："孩子们在一起难免会磕磕碰碰，关键是要引导他们如何相处，如何避免矛盾冲突，希望家庭和学校一起携手引领孩子健康成长。"在了解事情的原委之后，杨阳的妈妈没有责怪对方，而是一个劲儿地批评自己的孩子；陈斌的爸爸也批评自己的孩子处理事情过于激动，缺乏理智。看着稚气未脱的俩孩子，我开导道："同学之间的友情是最美好、最纯洁的，以后大家要在一起相处四年，千万不要为了一点小事就斤斤计较，伤了和气，伤了感情啊！"在大家的开导下，这两位同学也都彼此认错了。

双方父母在这件事的处理上都表现得明事理，在医药费协商中，双方家长都愿意承担，这件事算是圆满解决了。

我心里悬着的那块石头放了下来，但心情还是不能平静。现在的学生，大多是独生子女，以自我为中心的现象严重，在集体中争强好胜，不知道如何正确与同伴交往。学生之间的"纠纷"，看起来事小，但处理不当，就会影响生生、师生之间的关系，并对学生的性格和品质形成产生负面影响。接下来的三天里，我必须想办法提高警惕。

## 抓住契机，因势利导

班上的学生似乎也知道了这件事，纷纷小声议论着。我想，何不以这件事为抓手，引导学生学会在集体生活中如何与人相处，把坏事变成好事？于是，一个想法在我脑子里出现。结合每晚要写的日记，我设计了一张"一日三省"表格，具体有三项内容：一是"今天你为他人做过好事吗"；二是

"今天你遇到了什么问题（困难），又是如何解决的"；三是"今天你在哪些地方还做得不够好"。由此引导学生学会自我反思，并掌握与人交往的技巧。

第二天，我翻阅着学生交来的日记，有了意想不到的收获。

杨阳同学写道："今天我做错事了。王老师一再强调活动的纪律要求，可我没有重视老师说的话，这是不应该的。事后，我冷静地想了想，这次犯错不仅给自己带来了麻烦，而且也给班级造成了不好的影响。为此，我深深懊悔不已。以后，我一定会改正的。老师，请相信我吧。"

陈斌同学写道："今天我处事冲动，伤害到了同学，很不应该。也让父母和老师操心了，很对不起！以后我会引以为戒，改正错误，多为班级做好事。"

读着字里行间流露出的诚恳，我感到欣慰，分别给他们写了评语："人不能保证一辈子不做错事，做错了事，有勇气认错并改正，以后不犯同样的错误就好。勇于承认，改正得越快、越彻底，就更能得到别人的谅解和尊重。希望你们能冰释前嫌，在与人相处中学会谦让，学会宽容。"

第二天下午是旱龙舟比赛，看着学生们摩拳擦掌、跃跃欲试的样子，我高兴地选了一批精兵强将，并反复强调要齐心协力。杨阳身材高大，自告奋勇担当龙首。随着裁判的一声哨响，"加油，一二、一二、一二……"学生们的口号响亮，铆足了劲，脚下嚓嚓嚓的脚步声显得特别整齐，终于跑到终点，最终我们班获得了第一名。

拔河比赛同样扣人心弦，我嘱咐大家掌握好拔河技巧，他们憋红了脸，瞪圆了双眼，两手紧紧抓住绳子，双脚用力蹬着，把吃奶的劲都使了出来。旁边加油助威的学生脸红脖子粗，嗓子也都喊哑了。在叫喊声中，我们又赢得了第一名。

此刻，大家簇拥在我的身旁，满脸兴奋和喜悦，洋溢着自信。我有意走到杨阳身边，轻轻拍了他的肩膀说："火车跑得快，全靠头来带。杨阳，你好样的！"他不好意思，羞涩地笑了笑。

在当晚的"一日三省"中，有的学生写道："今天拔河比赛中，几个同学已经跌倒在地，但始终紧紧攥着手中的绳子。我们喊着团结就是力量，克服挫折、战胜困难，获得了最后的成功。"杨阳同学写道："比赛不但加深了我和同学们的友谊，而且让我懂得了不管做什么事情，都要力往一处使，心往一处想，才能获得成功。"我及时给杨阳写上评语："杨阳，今天你的表现是最棒的！团结就是力量。老师希望在今后的学习生活中，你能树立'以和为贵，以让为高'的思想，懂得谦让和宽容是一种美德的道理，在与同学相处中，有矛盾，互相让，学会谦让；有过失，说道歉，心胸广，能宽容。遇到任何事，都要冷静、理性处之，善于控制不良情绪，这样的人是最受欢迎的。"

## 初步成效

实践活动结束后的一段时间里，我原本担心这起"流血事件"可能导致学生之间心存芥蒂，甚至影响班级风气。但经过及时引导，他们仿佛都长大了不少。对于做值日生，以前总有一部分学生不愿意，相互推脱责任，但现在，这个现象在我班再也没有出现过，整个班级更具有向心力和凝聚力，每个学生都在为建设班集体作出自己的贡献。而杨阳和陈斌，两人似乎没有了之前的隔阂。在英语课上，我组织学生以小组为单位进行讨论，正好杨阳和陈斌在同一个学习小组，他们热烈讨论、互相争辩、相互启发、互相补充，显现出团队的力量。之后的一段时间里，两人再也没有发生过矛盾冲突。

（上海市青浦区珠溪中学王思远供稿）

**解读**

对案例中的突发事件，教师能成功处理，又因势利导，取得了较好的教育效果。这起事件的妥善解决，有以下几点值得借鉴。

第一，及时处理不迟缓。

面对伤害事件的发生，班主任没有手忙脚乱，而是先将受伤学生送医院救治，将学生安全放在首位，并及时进行安抚，使伤害造成的影响降低到最低。再认真深入调查事件的原委，这样才能客观公正地处理好问题。

第二，与家长沟通讲技巧。

学生出了突发事件，和家长有效沟通对事件的合理处置至关重要。与家长沟通，班主任要争取主动，主动联系家长，并告知他们孩子现已安然无恙，让家长放心。态度决定一切，班主任说话时要发自内心，诚恳贴切——多站在家长的立场上考虑问题，一分为二地讲明道理。这样可为解决问题创造和谐的氛围，家长即使满腹怨气，也会消停一些。

第三，事后关注后续效果。

此类事件处理得好，可以化干戈为玉帛，甚至变坏事为好事。因此，班主任还应关注事件平息之后能带来什么效果，使此事变成新的生成性教育资源。案例中的班主任，在三天军训期间，通过"一日三省"活动，与学生书面沟通，用真诚叩开学生的心灵之门，循循善诱地引导学生，从而收获到意想不到的教育效果。

## 案例2：老师，钟又碎了

在初一（1）班教室的后墙上，挂着一座四方形的时钟，这是用班费买的。它给大家的学习生活带来很大方便，有了它，无论是教师还是学生，都可以随时知道时间。

有一天，班上的女生张咏梅（化名）在往墙上挂小黑板时，不小心把时钟碰碎了。当时，她紧张地说自己可以赔一个。我想这纯属意外，并不是她故意为之，所以安慰她没事，老师会向学校申请一个新的。

第二天，我把申请领到的时钟带进教室，环顾了一下四周，发现教室前后两堵墙上都安有能挂物件的钉子，而后墙因为要挂小黑板，所以时钟很容易再次被碰落。于是，在征求了大家的意见后，我决定把时钟挂在教室前面靠近门口的一块白板上方。虽然低了点，但只要不去碰它，应该是安全的。

把时钟挂上，确认了牢固之后，我特地对全班同学说："新时钟挂在前面，大家看它比老师方便了，希望同学们不要在钟附近玩耍，以防时钟被撞落。"说这话的时候，我特地朝几个平时比较顽皮的男生多看了一眼，见学生点头答应，我放心地离开了教室。

又过了一天，下午 1 时 30 分左右，我正在办公室批改作业，班上的生活委员杨君（化名）同学突然手捧一座支离破碎的时钟跑进办公室，还没等我开口问，她就急急地说："老师，钟又碎了。"

我定神一看，是我昨天刚挂上去的时钟，怎么才一天不到……哎！我急忙问："怎么碎的？""是戴豪（化名）和沈宇（化名）两人课间吵闹时撞上它的。"杨君简要地将事情经过告诉我。看到平躺着的时钟，表面满是锋利的碎玻璃，我又着急地问："有没有同学受伤？"她说没有，戴豪和沈宇已经把碎玻璃都捡起来了。我生气地说："快去把他们两个叫来！"

杨君同学立刻下楼去叫了。想到昨天我刚去挂时钟，又反复强调不要吵闹以免碰碎，刹那间，火直往上冒，气不打一处来，脑子里飞快地想着该如何教训他们两个。

等了一会儿，他们两个还是没有来，我猜想他俩肯定在"串口供"。我等不及了，就决定亲自去教室把他们两个给"请"上来。当走到楼梯口时，正好遇上他俩，两人一边走一边嘀咕着什么。我心想，我的猜测准没错，便狠狠地瞪了他们一眼，带他们到了办公室。

没等我发话，戴豪同学就急切地说："老师，是我们错了，我们写检讨，时钟我也一定会赔的。"闻听此言，我没想到学生会那么爽快地承认错误。说实话，以往也看到过有老师要犯错学生写检讨书的事。其实，仔细想一想，这样的做法很不可取。这一方面会使学生产生自卑心理，甚至自甘落后、不思进取；另一方面，会使师生感情受到破坏，让学生产生抵触心理。最关键的是，这样做并没有从根本上解决问题。所以，我没让他们写检讨，不过还是严厉地批评了他们。之后，让他们先暂时回教室上课，而自己开始琢磨如何妥善处理这件事。

"钟又碎了"是一起偶发事件，但它又存在着一定的必然性。我仔细思考了事件发生的整个过程，通过反问自己三个问题，找出事件发生存在着的若干必然因素。这三个问题是：我真的把钟挂在了安全的地方吗？我对学生的安全教育到位吗？我对学生了解吗？

首先，在这起事件中，我应该负一定的责任。

虽然我是在征求了学生的意见后把钟挂在教室前面的，但学生毕竟是未成年人，他们考虑问题比较浅，而我是成年人，是班主任，应该想得更周到一点，思考更全面一些。实际上，把时钟挂在学生能够碰到的高度，本身就是不安全的。同时，即便我再三强调不要在时钟附近玩耍，也难保不出意外，因为学生毕竟活泼好动，是我太大意了。再者，假如我在学生第一次碰落时钟时就对他们加强安全教育，把钟面玻璃破碎可能造成的后果告诉他们，那么就有可能避免第二次"钟又碎了"。由此可见，我对这件事的发生有一定的责任。

其次，应该及时对两名当事人再次进行教育。

经过一个晚上的深思熟虑，我找来这两名学生，与他们心平气和地进行谈话。他们把事情经过原原本本地阐述了一遍，和我了解的情况基本一致。这说明两个孩子还是诚实的，没有推卸责任。我先表扬了他们敢于承认错误、勇于承担责任的态度，同时也强调课间休息要文明，在教室里嬉笑打闹是不文明的，也存在安全隐患。听了我说的话，他们惭愧地低下了头。

为进一步了解他们的心理感受，我请他们谈谈这起事件可能造成什么后果。戴豪说："钟是老师申请来的，我破坏了老师的劳动成果。"沈宇说："教室里没有钟，给大家带来很多不便。"看来，他们并没有想到后果的严重性。于是，我让他们回去再好好想一想。一堂"意外的代价"的主题班会，在我的脑子里开始酝酿起来。

最后，因势利导，对学生进行安全教育。

到了周一的班会课，我特地制作了PPT，并亲自主持班会。我先请大家谈谈对打碎钟的看法。果然不出所料，学生说的基本上都是违纪、影响他人，没有学生提到碎玻璃可能伤人的后果。

然后，我出示了第一张PPT，画面上是一位美丽的女孩，旁边赫然醒目地写着五个字"意外的代价"。我问学生：知道她是谁吗？她给你的印象如何？大家都说不知道，又说女孩看上去青春靓丽。我缓缓地介绍：她是一名演员，2009年2月20日上午8时许，不慎撞到家中的鱼缸，鱼缸的碎玻璃恰巧割破其喉咙，造成大量出血，最终抢救无效死亡，年仅 29 岁。闻听此言，学生的脸部表情一下子凝重起来，眼中带着怀疑的神色。显然，他们不敢相信碎玻璃竟然有这么大的威力。我抓住这一契机，语重心长地对学生说："同学们，钟碎了，我们可以再买；事做错了，我们可以改。唯有生命不能重来！有时意外的代价真的太大了！所以希望大家在课间文明休息，不要嬉笑打闹，避免意外发生，我不希望看到你们中的任何人因意外而受伤。"教室里一片安静……

事后，戴豪同学重新买了一个钟挂在教室的后墙上。不过，他买的钟表面是塑料的。他还在周记中写道："我从来没有这么深刻地认识到自己的错误，我觉得自己真是个头脑简单的家伙。今天周老师给我们上了生动的一课，使我明白了许多道理。我突然间觉得自己长大了，我保证今后在课间文明休息，不再让老师为我操心了。"

（上海市青浦区第一中学周亚娟供稿）

## 解读

活泼好动是中学生的天性。下课了，同学之间嬉笑打闹，教室里充满了生机，但也存在偶发事件的隐患。案例中，班主任的工作方法给人带来不少启发。

第一，遇到意外问题，不要急于作是非判断和道德归因。

班级中有些突发事件，看起来像"无事生非"，班主任在处理这些偶发事件时，一定不要急于告诉学生："你这样做是错误的，是违反纪律的。"实践经验表明，这类"教育"基本上属于废话，是在做无用功。那么，怎样帮助学生深入认识事件的危害性，真正改进自己的行为呢？班主任应在解决问题的方法上下功夫，从根源上纠正学生的错误行为。

第二，分析学生问题，班主任也要自我反思。

偶发事件多种多样，每一件事的发生原因也各不相同。鉴于此，班主任对问题成因可以有自己的假设，并由此进行思辨，捕捉细节，厘清脉络，从深层次上更有针对性地解决问题。案例中，班主任从承担的责任出发，对自己的行为进行反思，并向学生坦诚自己的过失。这样做，班主任在学生心目中的威信并没有降低，反而让师生的心更接近了。而且，教师反思也给学生树立了榜样，促使学生寻找自己的问题，一切变得顺理成章起来，问题也就不难解决了。

第三，班主任处理问题时要善于挖掘学生优点，帮助学生树立正确的是非观。

问题发生后，有些班主任往往着力了解事情真相，忽略了学生的当前表现，而此时学生正处于害怕与无助的境地，或有待拉一把，或需要喝一声。学生的"临场表现"姿态各异：有的因怕担责，而"百般抵赖"；有的则一言不发，做"闷葫芦"；还有的会"声东击西""避重就轻"；等等。案例中的班主任，对敢于承认错误、勇于承担责任的两名当事人，及时予以肯定和表扬，目的是让他们明白哪些行为是好的，以增强其"好行为"。同时，不迁就他们的错误，因势利导，以理导行，帮助学生克服"坏行为"，树立正确的是非观。

## 案例3：一次学生打架事件

星期四下午，区里的教研活动刚结束，我就赶回了学校。走到教室前的走廊时，学生纷纷跑来相告："出大事情了，老师！徐某对同学大打出手！""老师，徐某今天完全'变态'！""徐某一连抢起四把椅子砸尤佳（化名）同学，尤佳的手都肿起来了！"

我心里咯噔了一下，赶紧去看尤佳。果然，他的手又红又肿，无力地垂着。顿时，我的脑子一片空白，火气陡然而生：徐某简直无法无天，怎么可以把同学打成这样？

立刻，怒不可遏的我把两个当事人叫到办公室，追问打架原因，两人都说对方先动手打人。看来，在两人身上难以查出事件真相。我要求现场"目击证人"描述事情发生过程，大部分学生反映，徐某对尤佳先"动手"，少部分人说没看到。

对于同学们的"证词"，徐某大声反驳："尤佳用笔戳我。"我即刻要求徐某给我看"笔伤"，徐某愣了一下，以挑衅的口吻冲着我嚷道："凭什么给你看？"这句话彻底激怒了我，"凭什么？凭我是班主任！除非你不是我们班的学生，否则你必须接受和服从我的管理！"看到我严厉的样子，徐某斜视了我几秒后，甩手拿起书包扬长而去，临走还重重地摔了一下门。看着他离去的背影，一股无名火直往我头上冒。

气未消停，不一会儿，又有始料未及的消息传来，有人听说徐某扬言要在回家的路上打尤佳。我听了心急如焚，按徐某平时的一贯言行，我担心事情会发展到不可收拾的地步。怎么办？正好学校书记和总务处的沈老师经过，他们见状忙来询问。听我说明原委，书记建议我将事情简化处理，总务处沈老师则去拦截徐某，以免另生事变。

一个多小时后，两个学生都找到了。此时，两人的脸上都绷紧了，一个神色愤怒，一个表情冷漠。沈老师把他们两个单独请到小办公室，并请他们坐下来。谈了半个小时，帮助他们分析事情的利弊和危害。最后，两人渐渐低下了头，面露愧色。在沈老师的开导下，两人分别说清了事情的经过，并且都承认自己动手打了对方，而尤佳的手是因为打徐某太重而肿起来的。

事后，这两个学生没有再发生过什么事端。

但这件事却让我陷入深思：为什么他们在我的面前互相推脱责任，而在别的老师面前却能痛痛快快地坦诚原因，各自承认错误？细细想来，似乎是我从一开始就没有以冷静的态度、公正的立场来处理事情。由于我怒火高涨，两个学生都不敢在我面前诉说原因，更不敢承认错误。于是，我就这样失去了了解事情的最直接的途径。

在日常生活中，我们每个人都会或多或少带着个人的认知或情感偏向去看待问题，一些学生的众口一词也会给教师以误导。如此想来，徐某的举动也可以解释了。他不仅感受到了我的情感偏见，更在所有同学的情感倾斜下感到自己孤立无援。因此，他不合作，甚至愤懑抵抗。

想到这里，我豁然开朗。作为班主任，在处理突发事件时，要从事情本身出发，不应该带任何感情色彩、任何主观偏见。因为最微小的倾向，都有可能是最危险的导火索。

第二天，我在全班面前作了自我检讨，尤佳和徐某两位同学也表示他们已经和好。

（上海市青浦区颜安中学杨琼供稿）

**解读**

处理问题要客观公正，对学生更应公平相待。班主任在面对一些突发事件时，不能凭自己的主观判断处理，更不该感情用事，这样往往导致学生产生反感，拉大师生距离，学生更不会对你说实话。案例中的班主任，看到有学生受伤，就气势汹汹责问"加害者"，使对方不敢也不愿意澄清事实。这就犯了未搞清事实、主观臆断的大忌，失去了解决问题的最佳时机。

"为什么他们在我的面前互相推脱责任，而在别的老师面前却能痛痛快快地坦诚原因，各自承认错误？"这个反思很重要，是这位班主任的最大收获。能这样反省自己，认识不足，才能最终处理好问题。

从这个案例及其他案例中，可以看出班主任处理偶发事件时应把握以下几点。

一是沉着冷静，理智应对。偶发事件令人棘手，教师极易急躁甚至恼怒，但不能失去自制力。班主任头脑要冷静，感情要克制，态度要沉着，处置要迅速，对人命关天的事尤需如此。

二是了解情况，掌握分寸。偶发事件一旦出现，班主任要深入了解事件发生的原因，审时度势，采取针对性的处理措施，教育方式要灵活，具有分寸感。

三是调控气氛，缓解冲突。偶发事件具有突然性，事先不可能有预设方案。因此，对一些矛盾激烈的事件，班主任要注意调控现场气氛，运用幽默的语言或动作调节当事人的情绪，缓解冲突。

四是依靠集体，运用合力。面对偶发事件，班主任不可率先追究责任，而要善于依靠集体的力量，运用合力解决问题。然后，再去分析事情的是非曲直，厘清相关责任。

## 5. 实践检验——耐心

> 班级里的偶发事件，其当事人、表现形式以及产生原因鲜有雷同，因此处理的方式方法也不可能完全一样。但基本应对策略则是相同的，那就是耐心教育。耐心，就是要保持不急躁、不厌烦的心理，因人而异、以理服人地做工作。

就班级里的一则偶发事件撰写一篇处理案例（成功或失败），并分析原因。

## 6. 学材链接——关心

> 与人善言，暖于布帛；伤人之言，深于矛戟。对于偶发事件中的每个当事人，班主任都应该"关心"——爱护、重视，并放在心上。如何发自内心地去关心，下列文献能提供不少思路与对策，只是需要认真学习、深刻领会。

［1］许丹红 . 小学班主任的 78 个临场应变技巧［M］. 北京：中国轻工业出版社，2011.

［2］刘建 . 初中班级工作难点突围［M］. 南京：江苏科学技术出版社，2014.

［3］万玮 . 班主任兵法［M］. 上海：华东师范大学出版社，2009.

［4］陶行知 . 教育的真谛［M］. 武汉：长江文艺出版社，2013.

［5］石连海，马雷军 . 中小学幼儿园安全教育教师读本［M］. 北京：中国轻

工业出版社，2007.

［6］魏茂盛．班主任应对班级偶发事件的技巧［M］.长春：吉林大学出版社，2010.

［7］李秀萍．班主任工作的30个典型案例（小学篇）［M］.上海：华东师范大学出版社，2014.

［8］华东师范大学教育学博士编写组.教育学博士写给中学班主任的信［M］.南京：江苏教育出版社，2006.

［9］赵海霞．中学班主任20个难点及其对策［M］.长春：东北师范大学出版社，2010.

［10］马英志．给教师最有用的建议［M］.长春：东北师范大学出版社，2010.

［11］吴志樵，刘延庆．新班主任带班技巧［M］.合肥：时代出版传媒股份有限公司，安徽人民出版社，2012.

［12］陆青云．班级突发事件的诊断及处理［J］.班主任，2006（9）.

［13］黄霓．班主任处理偶发事件的艺术［J］.小学教育参考，2004（6）.

［14］韦美宾．谈谈班主任处理偶发事件的体会［J］.教育教学论坛，2010（32）.

［15］曹连华．浅谈班主任如何巧妙处理班级偶发事件［J］.新课标（中学），2015（6）.

［16］沈艳玲．突发事件考验教育智慧［J］.现代教育科学·中学教师，2010（6）.

# 问题5　班主任如何教育"问题学生"

## ——发乎于"情"

**【导语】**

　　"有的学生现在越来越难管了""某某的行为习惯真差"……不少青年教师经常有这样的抱怨。他们说的学生，就是所谓的"问题学生"。教育"问题学生"，是班主任必做的一道难题。教学有法，教无定法。"问题学生"的问题不可能完全一样，所以没有"定法"，但学生诸多问题的背后，也可能有共同的原因，因此教育他们也是"有法"的，这个"法"就是教师熟知的"晓之以理，动之以情"。而这两个短语的次序，似乎应对换一下，以"情"在先，"情动于中而行于言"，班主任的一切教育行为须建立在以情动人的基础上，才有可能奏效。教师对学生发乎于情的言行，无疑会触动"问题学生"强势行为背后那颗脆弱的心。

## 1. 现象审视——激情

　　冰冻三尺，非一日之寒。学生的问题，大多不是一两天形成的。积累的问题一旦暴露出来，急需班主任来解决。对此，班主任要有一股不怕困难、勇于担当的"激情"，但光有激情显然不够，更不宜将激情转化为"激进"。

# 班主任的困惑：办法在哪里

"问题学生"之所以让班主任头疼，是因为这些学生的行为表现会影响整个班级，甚至学校。一次会上，两个青年班主任说出了他们的困惑。

**甲老师：**

我做班主任五年了。五年来，我发现每一届都有那么一两个学生，或有行为问题，或有学习问题，甚至有智力问题、心理问题。这些学生的存在，会影响班级学习气氛，并成为任课教师的众矢之的。一年到头，我的大部分工作时间都花在他们身上，成天忙碌却少有效果。

有个孙同学，家境较贫困，父亲年近50，因单位效益不好，现在下岗在家。母亲来自四川农村，无固定工作。父母信奉"棍棒底下出孝子"，与子女缺少沟通，教育方法简单粗暴，这就造成儿子与父母的心理隔阂。孙同学在行为上有一定偏差，父母教育又显得无能为力。

孙同学进入中学后，结识了班上的谢同学。谢同学父母离异，父亲是个小老板，有一定经济实力，又忙于做生意，对孩子疏于教育，只是满足其生活需求，因此谢同学零花钱很多。

两人很快结成好友，只要孙同学奉陪，吃喝玩乐一概由谢同学买单。于是，他们经常放学后去网吧，玩到深更半夜，甚至因此旷课。我曾多次与孙同学家长联系，其父母使用棍棒教育，孙同学逆反心理严重，双方对立情绪不断升级。有时孙同学被打，便逃出家门，在网吧里过夜。作为班主任，我觉得自己"势单力薄"。

**乙老师：**

我是一名新教师，工作第三年当了班主任，接手的是全校有名的差班。我想，这大概是为了锻炼我吧。接班后，我发现班干部能力不强，班级学风不浓，学生的行为和学习习惯都有偏差。最让我沮丧的是，班里还有三个考分仅是个位数的学生。为此，任课教师也经常埋怨，觉得花再多的力气，效果还是甚微。

而我认为，学生的智力水平、接受能力、学习习惯各不相同，学习出现后进是正常现象，只要教师耐心引导，他们一定有成功的时候。

开学第一周，我联系学生小张的家长，希望家长配合教师进行教育。可他的爸爸却回应自己对孩子没有多高要求，能识字就可以了。学生小吴内向但很乖巧，我联系他的家长，其父很通情达理，并告诉我，从孩子上五年级起，自己每天晚上都辅导他做作业，双休日还帮他补课，可孩子考试只有十几分，自己也不知道怎么办。与学生家长的沟通，让我很失望。

作为教师，我能感受到学困生学得苦、学得累，也替他们难受和着急。尽管自己放低了学习要求，每天还给他们个别辅导，但我心里明白，这部分学生再怎么努力，还是很难及格。

三个月过去，眼看期中考试快到了，我内心很忐忑不安，班级均分又要排在年级最后，数学、英语老师又会"大发雷霆"。如何转化学困生，办法在哪里？

以上案例表明，青年班主任想把工作做好，对"问题学生"苦口婆心，费时费力；结果是付出多于回报，遗憾多于喜悦，因而留下许多遗憾、失落和迷茫。

## 2. 问题诊断——酌情

学生表现出来的问题，缘由不一，有其本身的问题，也有教师的问题。由于成因各异，所以班主任需要"酌情"分析——根据实际情况和做事情理来考虑，分析结果既要符合学生的实情，又应合乎为师的情理。

学生问题与教师因素

**（1）学生问题的主要类型**

①情绪障碍。

这类问题往往具有突发、非逻辑的特征，或是情境性的。如对某人、在某种场合就容易发生，或是刚才还好好的，一下子就发生了，或原来并不是错误方，但因教师处理不当，反而成了主要错误方。例如，情绪障碍型问题得不到及时解决，或获得的是负面期望，则随着学生年龄增长和问题累积，而发展为行为偏差型。

②行为偏差。

这类问题基本上是习惯性、不由自主的，甚至屡教屡犯。极大部分行为偏差容易分辨，称为"不动脑筋犯错误"。但有些却不容易区分，如借东西不还、说谎、考试作弊、偷东西，这类问题容易被归为道德问题。其实，这类问题若是偶犯，若在年幼时犯，若没有道德动机驱使，一般不要轻易定性为品德问题。

③道德失范。

这类问题往往由道德动机驱使，即明知自己的行为会给他人带来痛苦，但为了个人某种利益而不择手段、执意行事。这类问题哪怕不怎么严重，也应引起重视。判断学生是否有道德问题，不能简单地依据行为后果，因为善的动机有时也会产生不良后果。一旦学生出现道德问题，也不宜将其看死，因为问题行为毕竟还没有成为习惯。

**（2）教师对学生问题的不当处置**

青年班主任由于经验不足，面对学生出现的错综复杂的问题，未能及时审视其背后的原因，又因"恨铁不成钢"而缺乏耐心，往往采取一些不利于学生成长的教育方法，通常有以下几种。

①急躁。

对"问题学生"的批评做不到就事论理，而是翻旧账，以致恶语伤人。这不但达不到教育目的，还可能造成师生关系恶化或产生意想不到的后果。

②定式。

学生的问题尽管被反复指出并要求他们改正，但其仍我行我素，不断犯同样错误。于是，班主任会认为这个学生反正教不好，让他"横竖横"算了。

③偏见。

对"问题学生"认识上有片面性，形成偏见，工作中表现出一些偏执行为，如不给学生承认、改正错误的机会，并有意无意地伤害其自尊心。

④厌弃。

"问题学生"行为习惯差，教育效果不可能立竿见影，需要花费很多时间和精力。有的班主任就把这些学生当成包袱，甚至希望他们早点被开除。

## 3. 理论导引——钟情

> 取法乎上，仅得其中；取法乎中，仅得其下；取法乎下，一无所得。面对"问题学生"的挑战，班主任只有"取法乎上"，从理论上寻找解决之法。因此，"钟情"于理论学习，不断剖析学生与自己，仍不失为上策。

### "问题学生"的含义、成因与教育

**（1）"问题学生"的含义**

"问题学生"是一个有特定含义的概念。一般来说，每个学生在学习上都会有问题，因为"人非生而知之者，孰能无惑"。基于《中华人民共和国预防未成年人犯罪法》，"问题学生"的不良行为有：旷课、夜不归宿；携带管制刀具；打架斗殴、辱骂他人；强行向他人索要财物；偷窃、故意毁坏财物；参与赌博或者变相赌博；观看、收听色情、淫秽的音像制品、读物等；进入法律、法规规定未成年人不宜进入的营业性歌舞厅等场所；其他严重违背社会公德的不良行为。

**（2）"问题学生"的主要成因**

"问题学生"的成因比较复杂，与社会大环境及家庭、学校教育都有关。究其根本，还是因为他们思想不成熟，未养成良好的行为习惯，又有逆反心理。

①学生自身原因：心理障碍。

一是自卑心理。它产生于学校活动中，引发因素错综复杂。如家长期待过高，同学看不起，体质虚弱，基础不好等，都会诱发自卑感；而学业持续不良、教育者不恰当的教育方式和态度，又会进一步强化这种自卑感。

二是失爱心理。"问题学生"一般都游离于群体，认为教师和家长"看不上"自己，产生无依无靠或被打入"另类"的感觉，心理上的失落感很强。

三是对立心理。"问题学生"和教育者缺乏情感沟通，互不信任。教育者凌驾于"问题学生"之上，一旦抓住其把柄，就大做文章，学生也容易对教师采取蛮不讲理的"破坏"策略。

四是冷漠心理。"问题学生"无论是在家还是在校，所受的大多是批评和责难，于是总认为教师和同学轻视自己、讨厌自己。由于学业不良，他们在集体中常受到冷遇、排斥，对学习和集体失去了兴趣，对教育者及其活动具有疏远感、冷漠感。

五是补偿心理。因长期被人看不起，导致心理失衡，他们会以独特的方式来引起其他同学的注意，证明自己的存在，试图获得心理满足感。

②社会原因。

首先，社会各种消极因素的影响，主要有三个方面。一是国际敌对势力利用各种途径加紧对我国未成年人进行思想文化渗透，某些腐朽没落生活方式的影响不容低估。二是一些领域道德失范、诚信缺失、假冒伪劣、欺骗欺诈活动有所蔓延；一些地方封建迷信、邪教和黄、赌、毒等社会丑恶现象沉渣泛起，导致一些成年人价值观发生扭曲，拜金主义、享乐主义、极端个人主义滋长，以权谋私等消极腐败现象屡禁不止，也给未成年人的成长带来不可忽视的负面影响。三是互联网等新兴媒体快速发展，腐朽落后文化和有害信息通过网络传播，腐蚀未成年人的心灵。

其次，社会控制力不健全，对学生成长带来负面影响。一是影视产品没有实行分级制，一些不适合未成年人观看的影视剧或节目没有提示他们要在家长或教师的指导下观看。一些正面宣传，因缺少必要的指导，也会产生负面影响，如对英雄人物的攻击性行为、抽烟、讲粗话等，都会对儿童产生暗示作用。二是对未成年人问题的不恰当宣传，如媒体上公开披露多少中小学生有心理疾病、多少少女人工流产，以及对未成年人犯罪细节的详尽描述等，都会产生不良作用。三是一些娱乐场所、发廊中的丑陋行为也会对未成年学生产生不良影响。

③家庭原因。

首先，家庭结构发生变化，因而引发教育问题。一是"残缺家庭"造成"家庭教育的残缺"，它包括家庭自然结构破坏所形成的单亲家庭或离异家庭。二是家长或家庭成员道德品质恶劣或沾染吸毒、赌博等不良习惯，以及因参与各种社会犯罪活动而被判刑，这种"过失家庭"常常导致儿童成为"孤儿"。三是父母外出务工、经商或学习，而形成"留守家庭"，这些家庭极易造成儿童教育缺失、情感缺失。

其次，家庭教育不当，从而带来问题。一是家长对子女期望值过高，教育过于严厉，甚至采用体罚，增强了孩子的逆反心理，有些还对父母产生仇恨。二是独生子女家庭对孩子的溺爱、护短容易对他们的人际交往造成障碍，催生不良行为。三是父母的消极情感和人格缺陷也会对学生产生消极影响，亦即"问题家长"造成"问题学生"。

④学校原因。

评价具有"镜子效应"，会让学生形成评价者所期望的自我形象，所以学校评价会对学生成长发挥重要作用。当前学校以学科成绩为基本内容的单一评价，使相当一部分学生沦为学习的失败者，进而成为教育的失败者。

在教师的言行上，"问题学生"常常得不到积极的、令人喜悦的肯定和引导，所以他们和教师总是疏远的、对立的。而且，由于被教师"放弃"，他们大都处于"孤立"的境地，成为班级和学校的边缘学生，容易与同类学生抱成团，甚至去校外寻找"同类"。一旦"问题学生"抱成团，他们的问题就会加速出现。而教师对"问题学生"的教育方法简单粗暴，甚至采取了一些不恰当的惩罚措施，其结果往往不但没有达到教育效果，反而给学生的心灵造成伤害。

**（3）"问题学生"教育的基本观点**

学校对"问题学生"应当加强教育、管理，不得歧视，要认真做好转化工作。

第一，谨慎使用"问题学生"的概念。

在规范性文件中，"问题学生"的问题主要发生在品德学习领域（学习心理学称之为态度学习领域）。按照发生行为从轻微到严重的顺序排列，一般可以这样呈现：缺点较多的学生、品行有问题的学生、具有不良行为的学生、辍学学生和违法犯罪（轻微犯罪）的学生等。

据此，可将学生按问题的程度分为三个层次：缺点、错误较多的学生；具有不良行为的学生；轻微犯罪的学生。这三个层次，无论是外显行为还是问题性质，都大相径庭。为防止可能出现的混淆，直截了当地表述学生的问题比笼统地称其为"问题学生"更为策略。

第二，防止对"问题学生"的判断泛化。

班主任对"问题学生"的判断，是其工作实践中的一个重要问题。

首先，对知识学习中有问题的学生，不能简单归结为"问题学生"。尽管学生的大量问题发生在知识学习领域，但除了态度、价值观外，一般不宜把这一领域中有问题的学生归结为"问题学生"，虽然极大部分"问题学生"都不同程度地存在着知识学习的问题。

其次，学生成长过程中，伴随着特殊年龄阶段出现的具有群体特征的心理问题、性格问题、情感问题，不能简单归结为"问题学生"的问题，更不能将这些问题混淆为品德或者思想方面的问题。

最后，对影响学生的各种外部环境问题，不能简单地归结为学生自身的问题。在一定意义上可以说环境造就人，但对学生自身问题和影响学生成长的环境问题，需要作出区分。

第三，防止对"问题学生"出现负面期望。

班主任对"问题学生"也要给予教育和规劝，但并不是所有的教育行为都会产生积极的效应。罗森塔尔和雅克布森（1968）的研究表明，如果教师对学生持有负面期望或不必要的偏见，那么就可能产生"自我实现预言"，使学生向教师的负面期望发展。因此，杜绝向"问题学生"输出负面期望，应该是班主任工作的一条底线。

## 4. 案例研读——尽情

> 每一个案例，都蕴蓄了取得成功的因子。循着自己的思路，"尽情"地读解——张开思维的翅膀，不受约束地由着自己的感情去联想、去想象、去探究，或许可以悟得个中三昧，在转化"问题学生"的实践中发挥效用。

### 案例1：再难也要说爱你

开学第一周，小文就给了我当头一棒——与同学打架三次。找学生了解原因，好像没有什么大事，只是小文容易冲动，一不高兴就打人。每次谈话，小文总是摆着一副孤傲的脸，有时露出不该属于他这个年龄的阴冷的笑容。看着他，我有些害怕，各种念头不断冒出来：他有暴力倾向吗？如果一不顺心，不会连我也打吧？我不安起来，过几天就要军训，学生都激动不已，摩拳擦掌，小文会不会惹出什么祸来？得赶快想办法稳住小文，否则时间一长，就不能控制他了。

"如临大敌"的我深知"知己知彼，百战不殆"的道理，翻看小文的档案，电话联系其父母。原来，他的父母几年前已离婚，妈妈去外区工作，很少与小文见面，而小文爸爸有了新家庭。这种缺少父母关爱的孩子，性格怎么能健康呢？几次联系，他父母的回应都是："我们太忙，回不了孩子身边，实在没办法。""我现在和孩子说不上几句话就会吵起来，实在没办法。"一句"没办法"，就把问题抛给了我。家长没办法，我能有什么办法呢？

静心分析，父母离异给孩子带来了永远的痛与恨。他没有一般孩子那么多的欢乐，或许就以打架来发泄内心的伤痛与不满，时间久了，便养成了攻击性行为习惯。责任心告诉我，再难也要帮助小文改掉这种坏毛病。

小文正巧与我同住一个小区，我就有意创设"巧遇"和他一起回家。说实话，我不擅长聊家常。第一次同行，只说了几句就以沉默告终。看来，小文实在难以招人喜欢，我想算了，他的问题以后再说吧。

军训终于来到，我还没来得及整理宿舍就被邻班班主任叫住，"黄老师，你班小文怎么平白无故就把我班小联打了"。我听后直觉得自己太倒霉，怎么就碰上这样的学生。都说"没有爱，就没有教育"，可要爱小文这样的学生，实在太难了。

思来想去，毕竟自己是班主任，该教育的还得教育。孩子的心原本是清纯的，也是脆弱的。若不是受到某种伤害，若不是长时间忍受苦闷，小文的举止一定不会像现在这样。

于是，我将小文带到一间无人的会议室，刚进门的他一脸冷漠。我对他说："小文，过来，到我这边来。"并伸手为他整衣冠、系纽扣。随后，我心平气和地问："告诉我，为什么打人？""没什么"，他面无表情地嘟囔一句。"打架总得有理由吧？"我忍不住提高了嗓门。他瞟了一眼，嘴角露出一丝笑意。没等我明白过来，他的眉头又紧皱起来，双拳紧攥着。我犹豫了，谈话这样继续下去，小文说不准又会做出什么事来；如果就此了事，他一定会越来越肆无忌惮。我壮了壮胆，定了定神，平静下来继续说："小文，你现在人高马大，一拳下去有多厉害？同学可能会受伤，你真的想让同学受伤？""是他先来惹我的。"小文挤紧眉头说。"那你告诉我，这个同学对你做了什么？""没什么。"谈话又回到老路。"看来，也不会是什么大事，何必用拳头说话？如果真的出了什么事，这个同学的爸爸也用拳头说话，你打得过吗？""打不过就被他们打死好了。"小文冷冷地笑着说。这一刻，似乎又带了几分天真。"老师可舍不得，怎么舍得你被人打死呢？"他看着我，没说话。"但是老师人这么瘦小，家长要是真动起手来，我怎么保护你呢？"他似乎在认真听。"所以，老师不许你打人，是不让你伤害同学，也不忍心你被伤害，你能理解吗？"他把脸转向了窗外。"但是我可以用道理帮你，下次再有人惹你，你就告诉老师，我去教育他，好吗？""随便，无所谓。""那好，我可当你答应了，以后不许动手打人了。""尽量吧。"他的回答还是那么敷衍。

从几次眼神交汇中，我发现小文冷漠的外表下饱含着对爱和被呵护的渴望。小文毕竟还是个孩子，并非难以靠近，更需要关爱。

军训第二天，学生收到了父母的来信，都迫不及待地拆开来读。不一会儿，教室里哭成一片。小文手中的信却原封不动，我走过去，他抬头看我。没等我开口，他笑着说："太傻了，我可不想看这玩意儿，撕了它。"他做出撕的动作，迟迟没撕，只是一直笑着。我伸手去拿，他竟没阻止。我想，也许他需要我帮一把，给他拆开信的力量。我拿过信对他说："要撕也得先看看信里写了什么，来，我帮你拆。"他嘴里嘟囔着"不用了，不用了"，但仍没有阻止。我拆了信，把信纸递给他，他再次做出要撕的动作。"我和你一起看行吗？""不用了，不用了"，他一再重复，并把信纸捏得皱皱的，而我则决心要让他看。在我的坚持中，他终于勉强把信交给我，我轻轻地读起来：

"……爸爸脾气不好，教育方式又比较单一，不考虑你的想法，甚至动手打你，对不起……"读到这里，小文抢走信，笑着说："太傻了，别读了。"我想，这几句话一定说到了小文心中的痛，我不再读信。没有一个孩子的心会硬如磐石，父亲的道歉如一石激起了千层浪。此刻，小文需要一点时间和一种方式来平复情绪。

三天军训结束了，小文没有再打人。回来后，我给小文家长发了一条短信："小文爸爸，孩子收到你的信开始不愿读，我想你一定理解其中的原因。虽然孩子的表现比较差，但他毕竟是你的孩子。如果你能多和他沟通，让他知道你对他的关心，那么孩子一定会比现在好相处。"小文爸爸的回复只有一句话："希望老师能成为我们父子沟通的桥梁。"

为做好这座"桥"，我重新开始与小文"偶遇"。每次相遇前，我都预设话题，如"昨天在家玩什么？""今天的语文作业好做吗？""今天的数学课都听懂了吗？"起初，我常是自问自答。后来，小文也渐渐地回上几句，如"今天的数学有点难"等。

终于有一天，他一边吃着我给他买的面包，一边神秘地对我说："我们班有人玩游戏很厉害，还花很多钱去买点卡。"此刻，我知道他开始信任我，愿意和我说话了。小文能将班里的这类事说出来，让我欣慰不已。那一天，我们聊了很多，谈沉迷网游的坏处，了解了他玩电脑的情况。他还说了双休日独自在家的无聊，提及了对父亲的态度……最后，他轻轻说了一句："我很久没打人了。"说完，他笑了，笑得那么腼腆。互相道别时，看着夕阳投射在他身上的余晖，似有一股暖流在我心中涌动。点滴的爱，也能滋润孩子的心田。

可好景不长，小文又打人了。我有前功尽弃的失落，更有被人戏弄的愤怒，于是气冲冲地把他找来。此时小文一改以前的嬉皮笑脸，略有紧张地注视着我的神态，似乎等着训斥。我没好气地大声说道："你真让人失望，才几个月怎么又动手了，自己说过的话做不到吗？"

此时，英语老师赶来劝解我，并开导了小文几句。这一天放学后，我没与小文一起回家。晚上回想起来，心里有点后悔：自己是不是太情绪化了，好不容易让小文亲近我，现在这样，他会不会又要疏远我？但又想：如果一味迁就他，他会不会得寸进尺？心里正盘算着，电话铃响了。"黄老师，对不起，我向你道歉。"电话挂断了，是小文主动来道歉！我有点激动，前几个月的努力没有白费！又转念一想，既然这样，何不"乘胜追击"？

第二天，我把他请到办公室，对他说："小文，老师昨天不该这样发火，可你也懂的，打架是侵犯人身权利的行为，铸成了大错，只能自食其果。""我知道错了。"我又说："既然知道错了，不能再有下次。否则，老师就不喜欢你了，因为你一点也不珍惜老师对你的偏爱。""尽量吧。""尽量？"我学他皱起了眉头。"好吧，我一定。"话似乎有点不耐烦，可脸上的笑容难以掩饰。我也笑了。

一直让我不安、让我害怕、让我困惑的小文，这下却让我欣慰了。我走进了小文的内心世界，读懂了他的困惑、他的无奈、他的痛苦。对他的错误行为，我不再简单埋怨，而是试着用爱来感染他、转化他。对这样的学生，再难教育，也要先说爱他，因为这是教育的开端。

（上海市青浦区东方中学黄奋供稿）

**解读**

苏霍姆林斯基说："爱是强大无比的教育者。"班主任有了爱心，才会满腔热情地去了解学生、教育学生。面对小文这样缺少家庭关爱的学生，案例中的班主任用爱的信念、爱的智慧，走进他的内心世界，并赢得了他的信任。

对于小文这样行为有严重偏差的学生，如果教师的爱是温暖其身心的阳光，那么班主任给予的特别的"情"则是滋润其内心的雨露。教育家夏丏尊先生认为："教育之没有情感，没有爱，就如同池塘里没有水一样；没有水就不能成为池塘，没有爱就没有教育。"

师爱不是一种简单的心理感受，它是由教师的理智感、道德感、使命感凝聚而成的高尚的育人情操，是一种充满科学精神的、普遍的、持久的、伟大的全面关怀，是每个学生都渴望得到的阳光雨露。

班主任的爱，应该是自然流露与散发出的、不求回报的付出，是数年如一日的奉献。班主任的爱，应该是高尚的爱，展现了育人的超常魅力；是神圣的爱，凝聚了水乳交融的师生情谊。用"爱"动之以情，可以激发学生的情感，培养学生的情感，丰富学生的情感。

对"问题学生"的爱，更应该是真诚的。对"问题学生"的教育，很难一劳永逸，更需要以真情来延续"师爱"。

## 案例2：引导他走出网瘾迷阵

10月的一个下午，天空飘着蒙蒙细雨，深秋的第一股寒流吹起了冬日的号角。手机响了，"黄老师，不好意思，又要打扰您了。我们在轩逸网吧找到了孩子，您能不能过来，劝劝他啊！"听到电话那头的声音，这几天心中紧绷的弦稍稍松了一点。

打电话的是班上学生晓峰的妈妈。说起晓峰这个学生，真叫人头痛。从七年级开始，他就迷上了网络游戏，经常一放学就去网吧，父母批评、打骂都不起作用。进入八年级，由于沉迷网络游戏，学习成绩下降不说，更是发展到逃学的地步。上课是三天打鱼两天晒网，想来就来，想不来就不来，经常在网吧通宵达旦，不肯回家。家长实在没办法，给他买了一台电脑，以为在家玩比较安全。这次晓峰的爸爸实在看不下去了，就切断了网线，控制他的上网时间。他倒痛快，留下一张字条："誓与网络共存亡，网络在人在，网络断人走。"就这样，孩子离家出走了。

晓峰这个学生，自控力较差，经不起网络游戏的诱惑，沉迷于此而无心上学，不说是典型的网络成瘾少年，至少已到了有很强的网络依赖性的阶段。但不管怎么样，现在总算找到他了。

我直奔而去，走进网吧，只见满脸疲惫的晓锋妈妈站在儿子后面，无奈地看着他玩《魔兽世界》。这情景说明晓峰对父母有情绪，而且不想回家。我没打断晓峰玩游戏，只是宽慰他父母："他现在不回家，我在这里，你们回去吧。"

之后，我买了两瓶水和薯片，悄悄地坐在他后面。一个小时过去，两个小时过去了，他依然专心致志玩着游戏，嘴里时不时发出"啊""打""好"几个字。我能感觉到，晓峰的思想完全被游戏控制了。

我递上水和薯片，他的眼睛第一次离开屏幕，回头发现是我，便一下子站了起来。"咦，黄老师！"他不好意思地从牙缝里挤出这几个字。

这下我才识得"庐山真面目"，晓峰凌乱的长发几乎遮住了眼睛，红肿的眼睛有点深陷。他在这个网吧已经玩了两天两夜，累了就趴在桌上睡一会儿，醒了则继续玩。看着这个不能自拔的学生，我轻轻说了一句："晓峰，你已经很累了，赶紧休息吧，我送你回家。"他低着头，没有回答我。

"听黄老师的话，回家休息！"他很勉强地点了点头。可能是看老师的面子，他起身跟我走了。

我把晓峰带回他家，叮嘱其父母先让孩子吃一点，再睡一觉，有些事等一等再说。

安顿了晓峰，我对他的父母说，切断网线的做法不妥，孩子上网成瘾，"堵"不明智，"放"有风险，"导"才是上策。对孩子，既不能迁就放任，也不能简单粗暴，否则适得其反。闻言，晓峰的爸爸只是叹息，表示自己没有办法了。

我说，要一下子改变孩子的行为，确实很难，但家长应努力改变自己的教育方法。我的建议：第一，赶快安装网线，不让孩子去营业性网吧；第二，与孩子商量，约定每天上网不超过一小时；第三，要了解孩子的喜好和上网情况，不以简单粗暴的方式干涉孩子上网。家长表示一定会积极配合。

第二天，晓峰来校上学，我利用中午时间找他谈心。

"晓峰，我知道你喜欢玩游戏，但再怎么喜欢，也不能玩过头，影响自己的健康。身体垮了，想玩也玩不动了。"我直白的话，说得他面露羞涩。

接着，我以温和的口吻问他玩游戏的时间、身体状况等。在消除了他的戒备心理后，我讲了很多网络成瘾少年的悲剧故事，如猝死、自杀、犯罪等。我边讲边观察晓峰的表情，发现他的脸色变得紧张了。见此，我觉得这个学生还是有"救"的。于是，我趁热打铁指出过度沉迷网络游戏的危害：一是影响身体健康，使眼睛过度疲劳，视力下降，且长期保持一种紧张的姿势，会导致脊椎畸形发展；二是影响学习，主要精力花在游戏上，学习成绩下降，再想赶上就难了；三是影响人格发展，游戏玩久了，对学习会产生厌烦感，形成恶性循环。最后告诉他，父母的担心、老师的教育，都是为他好。他略有所悟，向我表示自己会控制的。

其实，类似的谈话，已不知有多少次了。每次谈话，晓峰总表示自己会改。而我也总对他抱有期待。虽然我知道，要改变一个沉迷于网络游戏的孩子谈何容易，但我必须坚持。

在一次区骨干班主任培训班上，指导教师提出一个建议，对网络成瘾学生的教育，可借鉴同伴的影响进行。于是，我在班会课上组织了一次"如何合理使用网络"的专题讨论。为此，我用了大量视频材料，剖析网络成瘾带来的危害，并用图片创设情境，发动学生讨论。学生情绪高涨，我真诚地对他们说："老师理解游戏对你有很大的吸引力，如果阻止你们玩，好像太不近人情；支持吧，担心你们控制不住自己。关键是如何把握玩的分寸。"在我的引导下，学生纷纷说道："过分迷恋游戏肯定是不好的，影响自己正常的学习生活，对自己的成长非常不利。"我也适时请晓峰袒露自己的真实想法。他虽有点勉强，但表示要远离网瘾，健康文明上网。在全班同学的共同努力下，这节课取得了一定的效果。

后来，我发现晓峰很喜欢下象棋。于是，我经常在课余时间找他一起下棋。在棋艺切磋中，我旁敲侧击地进行劝导，指出中学生做有意义的活动的好处和沉迷网络游戏的危害。

就这样，在教师、家长的密切配合下，在班集体的感染下，晓锋的网络依赖逐渐减少了，也很少缺课了，学习比以前专心多了。

在学校，像晓峰这样的学生可能不止一个。如何加强网络道德教育，帮助一些学生走出网络成瘾这个迷阵，班主任任重而道远。

（上海市毓华学校黄勇供稿）

## 解读

网络作为当今社会和外界联系最便捷的通信工具，在给人们带来诸多便利的同时，也产生了一些消极作用。除了一些不适合学生浏览的信息、视频，更多的是学生对网络游戏、网络交友、网络动漫等因无法抗拒而成瘾。因此，如何引导学生正确上网，必须引起班主任的高度重视。需要关注的问题有：网络环境下，学生的学习生活呈现哪些新的特征；网络对学生的思想道德和行为有哪些负面影响；班主任的工作策略应作哪些调整；等等。

案例中的班主任，对一个上网成瘾、家长已经没有办法的学生，本着"不放弃，不抛弃"的信念，耐心教育，并引导家长对孩子既不迁就放任，又不简单粗暴；同时又利用班集体的教育力量，再以学生的象棋爱好为切入口，促使学生转移兴趣，从而挽救了这个"网络迷航"的学生。

对于网络成瘾程度较重的学生，班主任应建议家长带孩子去接受专业的脱瘾治疗。而对于成瘾程度较轻的学生，班主任可从以下几方面进行干预。

第一，了解学生首次上网的起因。

了解学生首次上网的原因，可以从中找出使学生沉迷网络的深层影响因素。如学生最初上网是因为学习压力大，学业不振，那么班主任可以通过帮助学生改善学习状况，使其摆脱网瘾。如学生初次上网是因其在现实中受到同伴排挤，从而在网络上寻求友谊，那么班主任应设法帮助其回归现实同伴群体，从而摆脱网瘾。如学生初次上网是因为对网络上的游戏感兴趣，那么班主任可以通过向学生提供丰富多彩的集体活动，转移学生的注意力。

第二，了解学生的上网目的。

了解学生上网是为了什么，可以据此直接对学生进行相应的干预。如学生上网是陷入了网恋，那么班主任除了对学生本人进行干预之外，还需要对其网恋对象进行直接或间接的干预。如学生上网纯粹是为了玩游戏，那么班主任须及时和学生家长沟通，请其关注子女的闲暇生活，适当地为孩子提供户外活动等机会。

第三，对学生家长的干预。

帮助成瘾学生摆脱网瘾，需要家校密切配合。对网瘾所带来的危害，学生家长一般都有认识。因此，班主任可和家长制订合作计划，共同规范学生。如在时间上双方加强沟通，使成瘾学生控制上网时间。在钱财上严格规划，使成瘾学生无钱上网。由此，既可满足学生正常学习生活所需要的条件，又能促使他们远离网络。

此外，可吁请执法部门重拳打击社会上的黑网吧，铲除诱使青少年陷入网瘾的温床；吁请网络专家从技术层面进行干预，为学生上网设置保护性措施。

### 案例3：助她走出"早恋"误区

"陶老师，你班有姓沈的女生吗？她好像出大事了！"一天清早，我刚到办公室，年级组长庄老师就一脸急切地问我。我打开学生名册，一个叫圆圆（小名）的学生姓沈。出什么事了？竟让一向持重的庄老师如此紧张。

庄老师将事情的大概告诉了我：圆圆和一个男生躲在男厕所里被总务处的老师撞见，那男生出言不逊，说老师别多管闲事。气急之下，总务处老师将此事报告给分管德育的校长。现在，校长已将此二人唤去了解情况了。

焦急地等待了一节课，终于看到圆圆出来了。课间就10分钟时间，没法了解详情。我抑制着心中的疑虑和急迫，先让圆圆上课，具体情况等中午再说。

午饭后，校长告诉我：清晨时，圆圆与初三（7）班的男生小峰（化名）在男厕所里搂搂抱抱，总务处老师发现时，他们有些衣衫不整。经询问，她说自己是自愿的，不是被强迫的，还理直气壮地承认两人在谈恋爱。虽经批评教育，可两人仍无悔意。"要好好想办法啊！"有20多年"征战"经验的校长的最后叹息，更是加重了压在我心头的那块石头。看来，问题恐怕比我想象的要严重得多啊！

圆圆性格开朗活泼，七年级时学习成绩尚可。进入八年级，成绩开始走下坡路。平时，我对她也少不了耐心开导。每次谈话，她也能虚心接受。今天这件事，着实让我火冒三丈。但自己早已过了那个遇事毛躁的年纪，懂得越是在这样的时候，越要冷静。心想解决这个问题，一定是攻坚战，也是持久战。于是，我将种种不良情绪硬生生地压了下去，思考着什么时候找她谈，怎么和她谈。我想，这个时候绝不能随意批评或默许，轻易批评会让她产生逆反心理，也很难做通工作；轻易默许更会让她肆无忌惮，今后恐怕会有更大的问题。经过一番思索，我决定还是先将事情调查清楚再说。

班级里很多学生反映，圆圆和小峰两个人出双入对，形影不离，一起上学回家，平时不仅有说有笑，还经常做出一些亲密动作，俨然一对"小情侣"。看来，圆圆是"真恋"了，打散这对"鸳鸯"，不是一件容易的事，我的心情沉重起来。

圆圆生活在一个比较特殊的家庭，亲生父母在她10岁时离异，母亲跟一个男人走了，父亲再婚后又添了一个儿子，已无暇照顾她。可以想象，圆圆是一个特别需要爱与呵护的孩子。她的"早恋"，除了青春期学生生理发展的因素之外，还和她的家庭环境有关。或许，她在寻找一种被爱、被重视、被珍惜的精神依托。

对圆圆，除了理解和同情，更要好好引导，尽量将"早恋"带给她的负面影响控制在最低程度。

放学后，我与圆圆相约操场——那是我和学生们谈心的老地方。两人漫步绕场一周，她终于按捺不住了，尴尬地笑着说："老师，您找我什么事啊？"我回了一个笑容，那是一种苦笑，真诚地请她告诉我早上发生的事。

她一副轻描淡写的样子说："没什么，就是和小峰在厕所被老师发现了，后来校长也找我们谈了。"我点头表示这个已经知道了，还没等我发话，她又迫不及待地补充道："我们是上学期才开始谈的。"我试探性地问："那现在发展到什么程度？"我这一问，她的脸上闪过一丝慌乱和紧张，有点不好意思地说："就是周末一起约会。"她的话我姑且相信，又问："那你喜欢小峰什么呢?"她面露羞涩,说:"他大方,很会关心人。"我故作轻松地说:"对异性同学存在好感,没什么大惊小怪的,这是许多人在成长过程中必然会经历的,只要不过分,老师不会刻意遏制。"听我这么说,她的眼中闪过一缕如释重负的目光。

接着,我话锋一转,严厉地望着她说:"厕所是私密之地,你们两人的行为不仅影响到他人,更破坏了学校的规章制度。'感情'是世界上最珍贵的两个字,一个女孩子要懂得自尊自爱,随随便便付出感情,随随便便让别人触碰身体,是不会被珍惜的。"听我这么说,她羞愧地低下了头。我又郑重地提醒道:"花季少男少女,情窦初开,男女之间互生爱慕,是可以理解的。但是,谈恋爱,毕竟早了点。与异性交往,一定要把握住底线,千万不能因为缺乏自控而出现越轨行为。"随后,我举了一些中学生因早恋而酿成苦果的例子。一个个真实的故事,让圆圆感受到"早恋"会给自身带来不利影响,甚至会对一生造成伤害。

圆圆若有所思地向我表示,她自己会把握好,但要离开小峰恐怕做不到。这下子我有点不知所措了。我能理解眼前这个可爱而又让人担心的女孩,只是要她马上放弃这份感情是很难的。我心里盘算着,如何引导她走出"早恋"的误区。

我深知,圆圆"早恋"问题的真正解决,我的几次谈话是不够的,还需要争取多方力量,一同引导教育她。过了几天,一套方案出炉了。

第一,争取男生班主任的配合。我和小峰班主任交换意见后取得共识:不武断反对,但要密切关注和正面引导。小峰的班主任也与学生家长取得联系,希望他们配合学校,加强疏导教育。

第二,开展同伴帮助,营造正面舆论。我发动几位可以信赖的班干部,通过班级QQ群,就初中生"早恋"问题各自发表观点,形成正面的舆论导向。同时,提醒圆圆的几个好朋友,希望她们多关心她、引导她,如发现和小峰密切接触,应及时告知老师,让老师想办法解决。

第三,家长呵护,使其享受家庭温暖。我与圆圆的爸爸经常保持联系,讲孩子"早恋"的危害,希望家长不放松警惕,也不要采取"暴力手段"严加阻止。针对这个家庭的特殊性,我还提出了特别建议:根据孩子青春期的生理、心理特点，心平气和地与她谈心，并从生活方面多多关心她。

第四，细心开导，耐心做圆圆的思想工作。我不断地和她交流沟通，与她谈人生、谈学习、谈未来。找一些她感兴趣的话题，转移她的注意力。

这些行动方案，我坚持着。一个学期过去了，圆圆很坦然地告诉我，她已开始理性思考感情问题了，并表示自己一定会从感情的旋涡里走出来。

如今，圆圆的学习热情提高了，不再有"明目张胆"的异常行为。作为班主任，我真诚希望这个在青春情感旋涡中曾经迷失的女孩能健康成长！

（上海市毓秀学校陶芳琴供稿）

## 解读

德国诗人歌德说过："哪个少男不钟情，哪个少女不怀春？"步入青春期的少男少女，随着生理发育的逐步成熟，他们会开始关注异性同学，并希望了解他们，与他们交往。于是，有的学生会在不知不觉中坠入爱河。中学生谈恋爱，错在一个"早"字上。它不但与学生的心理年龄不符，也与学校的培养目标相悖。如果学生不能正确处理，还会影响自身健康成长，甚至给其一生带来极大伤害。班级里一旦有学生"早恋"现象，班主任如何妥善处理，是一道难题。

基于案例中班主任的对策，可以得到不少启发。一是宽容理解，不能采取"专制"手段严加阻止，压制只会适得其反，给"早恋"的学生火上浇油。二是坦诚交流，通过晓之以理，动之以情，做到情理交融，消除学生的逆反心理。切忌情绪对立，使一切教育徒劳无功。三是积极疏导，引导学生明智地对待自己，理智地对待他人，懂得两性交往的道德规范，进而把精力放在求知识、学本领上。四是通力协作，借助家长、同学、任课教师的力量，共同做好引导、转化工作。

在具体操作中，班主任可向学生提供一些解脱"早恋"的策略：转移法，把精力转移到学习上去，用探求知识的乐趣来取代不成熟的感情；冷处理法，逐步疏远彼此关系，以冷却灼热的恋情；搁置法，即中止恋情，使双方的心扉不向对方开启，而保持纯洁、珍贵的友谊。

## 5. 实践检验——热情

> 爱每一个学生，这是教育取得成功的出发点，而在大多数情况下，"爱"需要强烈的感情来启动。"问题学生"的问题各异，对于他们，班主任不能缺少的就是"热情"，要用它来温暖学生那颗曾经被遗弃、被伤害的心。

写一则有关"问题学生"的教育个案，总结其中的经验教训，对照相关理论，分析解决问题的方法和策略。

## 6. 学材链接——寄情

> 面对"问题学生"带来的工作挑战与思想困惑，班主任不能回避责任，也难以置身事外，但总可以静下心来，思考对策、研究方案。班主任可以"寄情"于他山之石，从众多的文献中寻觅理论启迪、实践智慧，形成自己的解决之道。

［1］万玮．遭遇问题学生——问题学生的教育与转化技巧［M］．北京：中国轻工业出版社，2010.

［2］庄传超．感谢那些"折磨"我的学生——教师如何应对问题［M］．北京：中国人民大学出版社，2015.

［3］王晓春．问题学生诊疗手册［M］．上海：华东师范大学出版社，2013.

［4］郑立平，陈玉宏．做一个聪明的班主任：对常见七类学生的教育艺术［M］．北京：中国轻工业出版社，2011.

［5］［美］卡罗琳·奥林奇. 塑造教师——教师如何避免易犯的 25 个错误
　　［M］. 吴海玲，译. 北京：中国轻工业出版社，2002.

［6］潘玉峰，赵蕴华. 怎样对待学生的问题行为［M］. 合肥：安徽人民出版
　　社，2012.

［7］瞿新忠. 让"问题学生"在自我教育中成长［J］. 班主任，2012（3）.

［8］张雅琴. 中职班主任"严父慈母"角色的扮演探究［J］. 成才之路，
　　2017（23）.

［9］侯艳红. 为解决"问题"学生的问题支招［J］. 新课程（下），2017
　　（7）.

［10］陶凤阁. 用爱心诚心去感化教育学生［J］. 黑河教育，2017（12）.

［11］张华. 让爱滋润孩子们的心田［J］. 科普童话，2017（23）.

［12］孙卫卫. 润物细无声　教育爱无痕［J］. 学苑教育，2017（8）.

［13］孙胤爽. 班主任实施情感教育的策略探研［J］. 成才之路，2017（2）.

［14］张建萍. 爱心奉献　柳暗花明［J］. 吉林教育，2018（Z2）.

［15］刘晓. 爱心是小学班主任工作的永恒主题［J］. 科普童话，2018（3）.

［16］李金禄. 论班主任工作中的教育情怀［J］. 福建基础教育研究，2017
　　（12）.

# 问题 6　班主任怎样提高家庭教育指导能力

## ——不约而"同"

**【导语】**

　　学生的成长与发展不仅与学校有关，而且受家庭的影响，父母应该是孩子的第一任人生导师。家庭教育，则是开启学生心灵智慧不可或缺的重要一环。家校联手、牵手，形成教育合力，才能有效促进学生健康成长。作为专门教育机构的学校，对于家庭教育承担着提供指导的义务或责任，而这一任务的具体实施，主要是通过班主任的工作进行的。因而，深入了解每个学生的家庭教育现状和家长的教育方式方法，在与学生家长的交往中，建立起信息联系，并根据学生的个性特点，与家庭建构教育共识、协调教育策略，这些都是家教指导方面的基本功。有经验的班主任，对指导内容、指导方式的体认，可以说是"不约而同"的。"同"基于"通"，亦是"通"，是做好家教指导工作的诀窍。当下，很多青年班主任在与家长沟通这一点上，存在着困难或困惑。

## 1. 现象审视——同感

　　家教指导的有效实行，是建立在家校双方对某些社会现象，或者某一教育问题具有"同感"的基础上的。教师与学生家长对此如能"感同身受"，就有更多的共同话语，进而通过各自的实践，达成更多的共识。

## 当前家庭教育中值得关注的问题

**（1）社会转型中凸显的多元现象**

在一个经济形态多元、价值观多元、生活方式多元的社会中，家庭教育面临选择的迷茫和困惑。如在养育观念上，是"再富不能富孩子"还是"再穷不能穷孩子"？在道德教育上，是"热心助人"还是"明哲保身"？在教育方法上，是民主宽容还是严格要求？黄、赌、毒等社会丑恶现象的存在，即使封闭式的家庭教育也难以招架。家长不能熟视无睹，但又缺少因应对策。随着物质的富裕，一些过分消费的生活方式让节俭、勤劳等传统美德似乎失去了存在的理由，家庭教育对此如何处理？而贫富差距凸显的社会现实，也使同一个教学班的学生之间悬殊加大，给家庭教育带来不少问题。

**（2）独生子女家庭面临的问题**

与一般家庭相比，独生子女家庭普遍存在的问题有：一是由于父母的过度保护和自身缺乏实践锻炼，造成孩子生活技能缺失；二是由于父母对子女的宠爱，重养而轻教，以及片面应对升学竞争，只对孩子学习上有要求，造成对道德教育的忽视，独生子女自我为中心现象严重；三是由于独生子女除了学校外，基本生活在成人社会，这样的生活环境使他们难以从同伴交往中获得必要的知识和体验，造成其人际适应和社会适应能力较弱，其中与异性的认识和相处，对同伴间矛盾和冲突的处理，与同伴的协作和团结技能的习得等较为突出。

**（3）网络时代的家庭教育问题**

网络为学生提供了一个虚拟的世界，他们在那里可以"畅所欲言""随心所欲"，可以获得现实生活中难以获得的自信、自尊和乐趣。如果家长忙于工作，疏于和孩子沟通，或者由于教育期望值过高而很少给予孩子积极、肯定的评价，孩子就容易陷入网络，所以网络教育日益成为家庭教育的重要内容。由于青少年对信息技术较为熟悉，家长需要掌握必要的计算机技能和上网技术，才能提高对孩子使用计算机的适控能力（时间限制、场所控制、契约式约定、学习指导等），加强对孩子网络道德的教育，加强亲子沟通，丰富真实的家庭生活。

## 2. 问题诊断——同一

在教育子女问题上，也许每个家庭都有一本难念的"经"，但是有一点似乎是"同一"的，即成功的家庭都是相似的，失败的家庭各有各的失败原因。父母在教育观念、教育方法等方面的不同，造成了教育结果的迥异。

孩子作为一个成长中的未成年人，特别需要来自父母的关心，这种关心不仅是学习方面和生活方面的。他们需要心理的抚慰：在失败、遇到挫折时，需要父母的倾听、包容和安慰，而不是简单的责备、批评和教训。父母应将此作为自己的教育责任，而不是推给学校一了了之。下面这名班主任的工作札记，反映了相当一部分学生家长的认知偏差。

### 失败的记忆

担任班主任的第三年，我带的七（2）班基本上实现了学生自主管理、自我教育，绝大部分学生的集体荣誉感都很强。因此，我班也成了学校的"样板"。可后来发生的几件事，却给我留下了许多遗憾，更有莫名的委屈。

那是星期一的早自习时间，我像往常一样在教室外巡视，发现学生小浩因作业没带而被值日班长等几个班干部挡在门外，他的书包则放在一旁。我急忙上前询问，同学们七嘴八舌地向我反映。有人说小浩双休日经常在网吧，明明是作业没完成，却谎称忘记带。所以，几个班干部商量决定，以班规"不准去网吧玩游戏"为依据，暂时不让他进教室，目的是：一让他认识错误，二让他完成作业。这时，站在门外的小浩黯然地垂下头，泪水在眼眶中直打转，手指不停地摆弄着衣角。看出他已有几分悔意，我一边暗自庆幸有这样得力的助手，自己可以少操点心，一边也在自责，对小浩的关心确实少了点。于是，我对大家说："我们班是一个大家庭，'一个都不能少'是我们的团队精神，只要小浩同学知错就改，我们依然喜欢他、欢迎他，只是应该给他改正错误的机会。"在我的建议下，同学们欣然同意他进教室。之后，我又与他父母联系，希望他们加强督促。可家长推辞说，孩子在家没人管得了，还是要学校来管。尽管这次沟通没有效果，但我开始关注起小浩来。

好景不长，又是周一的早晨，小浩没来上学。我正要打电话联系，他却在母亲的陪同下来了。我稍稍严肃地问他母亲："你儿子双休日在做什么？"没想到她大声指责："我儿子不愿意上学，是因为他作业不会做，你们不让他进教室，他受到歧视和排斥，心理压力很大，你们老师是有责任的……"当时，我的脑袋嗡嗡直响，后面的话根本听不进去，觉得羞辱万分、委屈万分。心想：自己儿子作业没做好，反而把原因都归结于老师和同学，家长不是让老师管得严一点吗？为什么又只听孩子的一面之词……

这件事虽然过去了很久，但它依然深深地留在我的记忆里，挥之不去。之后，每当与家长交谈，我总是心有余悸。

出现上述情况的原因有很多方面。从家庭方面看，有的家长认为孩子就要"托给老师管"，或因教育不得法，对孩子感到"头疼"，甚至产生"随他去"等想法。据调查，目前家庭教育中以下问题比较突出。

**责任意识缺失**。有的家长认为，父母只要让孩子衣食不缺、不愁就可以了，而教育的责任在教师。他们对子女的教育基本上不闻不问，又不能积极配合学校进行教育。这就造成一些学生在校有老师"管"、在家无人"管"的失控状态。

**教育资质缺少**。有的家长本身思想水平和文化程度不高，当自己工作不顺心，或对某些社会现象不满时，常常在孩子面前毫无顾忌地大发牢骚，怨天尤人。有的家长本身有不良嗜好，或有违反社会公德等行为，这些"身教"会对子女产生潜移默化的影响。

**亲子沟通缺乏**。一些家长为了家庭生计，不得不到处奔波，常为生活忙碌而无暇教育子女。这些家庭，父母去城里打工，子女大多留在家乡，有的跟爷爷奶奶过，有的跟外公外婆过，有的寄居于亲友家中。由于缺少亲子沟通的时间与空间，这些家长无法正常履行对子女的教育责任。

**教育方法缺失。**一些家长自己受教育不多，因此缺少正确的家庭教育理念和科学的教育方法。这部分家长以生意人、打工者、下岗工人居多。他们对子女有的过分宠爱，有的放任自流，有的盲目管教，有的专制粗暴，有的过于重视分数而不关注孩子的言行举止，这些都会给家庭教育带来负效应。

**亲情关系缺位。**在现实生活中，夫妻分居两地或离异，以及家庭关系紧张、单亲家庭等情况并不少见。生长在这些家庭的学生，最缺乏的是亲人的抚慰与关爱，他们中容易出现性格内向、孤僻、自卑、不合群、不善与人交往、固执任性、冲动易怒、精神过敏等心理与行为问题。

青年班主任由于历练不够，经验尚缺，家教指导乏力，不懂得如何主动与不同家庭打交道，如何因时、因事、因家、因人地当好家庭教育的合作者、引领者，如何充分调动家长的教育积极性，发挥家长的作用，通过家校互动、合作，共同教育学生。

教师的问题还表现在：平时不常联系，等到学生问题一大堆，才找家长来，或是学生家长找上门后被动应对；不懂得尊重家长，交流中不考虑对方的心理感受，常摆"师道尊严"的架子，语气生硬，开口就教训学生，说这不是那不是；把教学责任转嫁给家长，向家长"布置"家庭作业；对"不配合"的家长，一味埋怨，认为自己已尽到责任等。

## 3. 理论导引——同步

学生的成长、成人，教师与父母都有一半功劳。教育成功的"秘诀"，在每个学生身上不一定都一样，但家庭教育与学校教育保持"同步"却是少不了的，这应该成为班主任学用"家教指导原则"的"原则"。

家庭教育的原则与家校沟通的途径、策略

**（1）家庭教育的原则**

遵循科学，正确引导。了解儿童身心发展特点，尊重儿童身心发展规律，顺应儿童的天性，关注经验获得的机会，让其在丰富、适宜的环境中自然发展，和谐发展，充实发展。

重视差异，因材施教。针对儿童的特点，重视儿童在发育与健康、感知与运动、认知与语言、情感与社会性等方面的发展差异，关注儿童的多元智能，有针对性地进行个别化教育。

满足需求，理性施爱。以亲为先、以情为主，关爱儿童，赋予其亲情。尊重儿童的意愿，满足儿童的成长需求，使其积极主动、健康愉快地发展。理性施爱，既不放任自流，又不拔苗助长；既不一味溺爱，又不过分限制。

正面教育，赏识有度。对儿童要坚持正面教育，多赏识、激励、表扬，发掘儿童的闪光点。宽容有度，但不排斥必要的批评和惩罚。惩罚要把握度和时机，注意实际效果，避免产生副作用。

榜样示范，平等交流。父母要注意自己的形象，时时刻刻为子女树立榜样，在尊重儿童人格的基础上建立民主平等的亲子关系。通过真诚交流跨越代沟，打开儿童的心扉，走进其精神世界，成为儿童的朋友。

**（2）家校沟通的途径**

家访。根据目的不同，家庭访问可分为以下几种类型：一般性了解信息，主要是学生生活与学习的周围环境，适用于新生或新接班学生的家庭；在了解基础上的针对性家访，主要是讨论学生的特殊表现或突出问题，共同商讨教育方式方法，适用于少数表现特殊的学生；交换信息、沟通情感的家访，适用于家校因彼此不了解或误解而产生分歧的情况，通过如实介绍与心平气和地交换意见，实现良好配合，协同教育。

电话访谈。通过随时随地的信息沟通，与家长经常性地保持联系，在第一时间了解情况或传递信息，交谈内容包括学生在家的情况、在校的进步和成绩或异常的行为表现，学校或班级将组织的一些活动等。

家长来访。通常是学校设立教学开放日和家长接待日，邀请家长来校听课，感受班主任的工作现状，同时了解孩子的课堂学习情况和在校表现。对于家长主动来访，班主任应妥善安排时间接待，及时了解家长来校原委，获取家教动态，商讨问题处置办法。

家长会。召开家长会的目的是通过班主任及其他教师与家长面对面地交谈，加强家校沟通，在各自提出建议或意见中增进相互理解和支持，达成更多的教育共识，协调合作教育策略。班主任应创新家长会模式，以联谊、恳谈等方式让家长成为主角，通过现身说法、经验交流、相互研讨，使家长会成为家校合作的用力点。

家长委员会。家长委员会是家长代表以合作者的姿态参与学校决策，发挥建设性作用的一种组织形式。班主任可借助这一平台，合理运用家长资源，对涉及学生权益的事，充分听取家长委员会的意见和建议，通过"家长'教育'家长"，开发家教指导新途径。

家长学校。家长学校是传播家庭教育知识的重要渠道，班主任可以通过编写家长学校教材、定期开设讲座，向家长诠释现代教育理念，传授有关学生健康成长的生理、心理知识，转变家长的传统教育观念。同时，针对家庭教育中面临的新问题，共同探讨解决方法或应对策略。

现代信息技术。班主任可以利用"校讯通"将学生考勤等在校表现情况、测验考试成绩和学校教育动态等信息，通过邮件、手机短信发送给家长。家长也可以借此向班主任发表自己对教育问题的看法和建议。此外，班主任还可以在班级网页中搭建家校沟通、互动的专用平台，利用 QQ 群、微信群的群聊功能，扩展家校合作的平台。

### （3）家校沟通策略

第一，注意细节，把握沟通技巧。

班主任应注意的沟通细节有：选择或创设使家长处于平等地位的环境；从关心角度询问学生在家的情况；以理解的态度倾听；提及学生在校生活时，使用描述性语言，而不是判断词句，避免用教育术语；不谈论别的父母或其子女。

班主任可采用的沟通技法有：利用家长会，宣传自己的教育理念和推广新的教育方法；在家长接送孩子的间隙，主动交流学生的学习情况和活动表现；与家长一起为孩子制定学习目标；向家长了解学生的在家表现和个性倾向；召开家长建议会，举办家长沙龙，听取家长意见；组织"亲子活动"，创设家长参与学校教育的机会等。

第二，疏通情感，促进知情融合。

班主任要善于或学会将情感作为沟通的润滑剂，营造互相信任、包容的对话情境。特别要注意：

一是称呼得体，使家长感到亲切。如先问"您怎么称呼"，然后根据年龄、身份、职务等情况，确定一个合适的称呼，并记住家长的名字。

二是语气委婉，用热情、关心的话语与家长交谈，而风趣幽默的语言更能使气氛融洽、和谐、轻松，切忌用命令、警告、责备、提意见、训话的口气与家长对活。

三是正确运用非语言技巧，包括面部表情、身体动作、手势、空间位置、穿着打扮等。

四是通过间接方式，沟通情感。主要是在处理学生问题与家长难以达成共识，或造成家长不理解而引起误会时，通过对学生的真诚关心与爱护，解决可能发生的情感冲突，或通过其他人表达自己的情感，以求家长理解。

第三，讲究艺术，把握家长心理。

与家长沟通，是语言、情感的双向交流活动。班主任要针对家长的心理因素，因人、因时、因事而异，采取不同的沟通策略；注意家长沟通时的特殊心理，把握如下沟通艺术。

客观评论学生。班主任要全面、公正地评价学生，使家长觉得这是教师的肺腑之言，感到学校教育的目的与家庭期望是一致的，从而共同做好教育。介绍学生情况，不可漫不经心或毫无根据，更不可给家长以"无药可救"的印象，最差的学生也要找出他的闪光之处。

把握好问题呈现的时机。反映学生情况可先说优点和进步，等家长有了愉悦的情绪，再逐渐提一些建议，采取"避逆取顺"策略，以避免触发对方的逆反心理。对学生的问题，宜从家长易于接受的角度去陈述。

提供解决问题的可行性建议。对学生存在的问题，班主任不要"登门告状""乱发牢骚"，而要用建设性语言提出要求。对家长的不妥教育观点和行为，应以劝说的口吻解释这样做可能带来的危害，更不能将教师应承担的责任推给家长。

善于运用"期望效应"。班主任在与家长交谈时，要有意识地将自己对学生的肯定和期望通过家长的嘴传递给学生，以期产生"罗森塔尔效应"。这一策略在与后进生的家长沟通时，尤其需要注意运用。

用心倾听、询问和引导。班主任与家长交谈，千万不可自己滔滔不绝地讲，而不给家长说话的机会，应该耐心、饶有兴趣地倾听，并善于询问。提问时，尽量使用开放式的问题，引导家长思考，避免采用封闭式的问题；并用商量的口气，向家长解释或共同探寻解决问题的对策。

## 4. 案例研读——同行

> 爱心、执着、智慧、坚持……这一系列概念，在所有的成功案例中"同行"。它们的含义，尽管教师人人都耳熟能详，但真正践行起来，就不那么容易了。优秀的班主任，一定会在家教指导工作中，让它们一同前行。

### 案例 1：面向两代人的家教指导

#### 班里来了"不速之客"

开学第一天，一位同事对我说："王老师，校长请你去一下。"校长热情地招待了我，捧起递过来的茶杯还没端稳，一句话几乎让那茶杯失手："这个学期起，小星进你班学习……"

小星在我们学校是个"大名鼎鼎"的学生，全校一百多名教师几乎都认识他，因为他很独特。课堂上，只要他举手，你一定得请他回答。不然，他马上推桌子，踢椅子，扰乱课堂纪律。教师批阅练习，他不顾别人在排队，横冲直撞把本子塞到教师面前。如不给他先批，他马上把本子朝地上一扔回座位。和同学相处，稍不如愿便打人，上课教师也遭遇过他的"攻击"……

小星的家庭比较特殊，母亲是支疆回沪知青的子女；小星出生时，父亲将近40岁，中年得子，宠爱有加。母亲的经历和个性导致她对孩子的期望值特别高，但是教育方法简单粗暴。孩子不听话，就是一顿毒打，甚至往死里打。

这样的家庭背景给小星的心灵带来很大影响，使他逐渐形成严重的攻击性行为。就这样，小星在学校读了三个学期，行为习惯和成绩都令教师头疼不已。小星转学了，可在新学校，仍然故态复萌。一个学期后，家长又要求回原校，但不愿再回到原来的班级。就这样，他进了我的班。

## 上门报喜——打开沟通之门

开学后的那个双休日，我再次拨通孩子妈妈的电话。虽然家访的想法在这之前已好几次遭到拒绝，但在我的坚持下，这次他们终于同意了。

一进门，我发现小星一动不动地站在一旁，母亲很紧张，父亲手足无措。"小星如今是老师的得力小助手，开学那天搬了许多书到教室，又能主动帮老师拿本子，同学摔跤受伤，他第一个搀扶着进卫生室……"听我罗列小星一大堆的进步，母亲紧张的神情开始缓和，父亲激动得脸都有些红了。在宽松、愉悦的气氛中，我和家长说起孩子有过一些伤害同学的过激行为。母亲听后，竟以迅雷不及掩耳之势扇了他一个耳光。小星捂着脸，两眼瞪着母亲。我严肃地向她指出："小星妈妈，你不能这样对待孩子！""我爱他才这样管他的。""这是'爱'吗？""打是为了让他长记性。"她理直气壮地说。我开始列举母亲的行为对孩子造成的影响：妈妈会因为孩子不做作业而经常撕孩子的书，孩子在学校就会随便撕作业本；妈妈一见孩子做错事就打骂他，致使孩子经常撒谎……小星妈妈突然话题一转："老师，你看！我的小手指就是小时候被父亲打坏的。"看着那畸形的手指，我的心在发颤：天哪！怎么会有这样的父亲！"我不希望小星也因为你的打骂而留下伤残，更不希望小星对你留下仇恨！"接着，我向家长呈现了一个个鲜活的"爱"的案例，小星母亲有些坐不住了："那我们该怎么教育他呀？"面对无奈的家长，我和小星及其父母一起商议，创建了一份"家庭合约"：生气的时候，说出生气的原因，不动用暴力，彼此尊重；每天为周围人做一件好事，饭桌上，跟家人交流；每个双休日，除了特殊情况，父母带上孩子去探望双方的老人。谁违反条约，就要接受惩罚——帮助周围人做三件好事。

从那以后，孩子经常告诉我：他每天上学、回家由爸爸接送；晚饭后，爸爸妈妈常带他去散步；他每天给邻居老爷爷讲学校发生的趣事……孩子感受和体验到了他人对他的关爱，同时也渐渐有了回报。同学反映，小星没有故意打骂人了，能主动倒纸篓了，双休日、假日小队活动也参加了……

## 出现反复——指导家教方法

没想到，第二个星期就有学生来告状：小星拿了同学的钱。在我面前，他承认了错误。面对小星新的行为问题，我又一次赶往小星家。

一进门，就见小星跪在地上哭，书包里的书和本子已全部被撕毁，扔得到处都是。其母气喘吁吁，刚打骂过的样子，其父则一脸无奈。没等我开口，母亲就骂开了：骂孩子不争气；骂孩子的爸爸太宠爱孩子……看着激动不已的母亲，我示意她冷静，并表示完全体谅她此刻的心情。我告诉她："孩子做错了事，不能光打骂。不找准症结所在，简单重复的暴力行为不仅得不到教育效果，还会使孩子产生恐惧、抵触的情绪和对家长的仇恨心理。我们应该一起去寻找孩子这么做的原因！"父母认同了我的观点。在交流中，我感到小星父母对孩子的教育观念和方法存在很大差异：父亲极力满足孩子的要求，想以此换取他的进取心，对孩子的问题，则认为他年纪小，不必大惊小怪，再加上平时工作忙，也无暇教育孩子。孩子拿别人东西的事，其实父亲早就知道了，但每次都瞒着孩子的妈妈，因为妈妈知道后就会对孩子一顿毒打。

基于家长这种心理状态，我指出他们的教育误区："无限度满足孩子"的做法，会让孩子丧失上进心；而"棍棒底下出好料"的做法，会给孩子造成心灵创伤，使家庭对他失去吸引力。接着，我向他们提出如下建议：

其一，让孩子"适度不满足"，促使他保持上进心，通过自己的努力达到原先的愿望。

其二，家长要学会控制自己的不良情绪。面对负面情绪，可以通过做家务来宣泄心中的恼怒，也可以把事情先搁置起来，等冷静后再处理。家长应以自己的良好情绪去影响孩子，帮助孩子消除孤立无援的情绪。

其三，父母要学会和孩子沟通。自己生气时，不能对孩子发脾气，而要说出自己的内心想法以及希望孩子做什么。与孩子沟通，应多听孩子怎么说，别急着反对或干预。父母还要保持快乐的心情，孩子看到父母快乐就不会隐藏真实的自己，这样才会有亲密的亲子关系。

在以后的家访中，我不仅反映孩子在校的进步和存在的问题，还对家长在教育孩子过程中遇到的种种困惑答疑解难。慢慢地，家校关系越来越和谐。

如今，小星已经进入中学。开学第一天，他打来电话："王老师，告诉您一个喜讯，我当上劳动委员了。""祝贺你！老师为你骄傲！"教师节，小星母亲和外婆拿来八个大苹果："老师，这是孩子昨天晚上和我们一起去买的。孩子今天要上课，让我们送来，我们全家不会忘记您！"老人紧紧握住我的双手。我的手暖暖的，我的心暖暖的……

（上海市青浦区实验小学城中校区王芳供稿）

**解读**

无论生活于社会的哪个阶层，父母对子女总有一种无法抹去的舐犊之情，以及对他们未来的期盼和寄托。只是当下不少父母对子女的教育，常常是严而无"格"、有情无"绪"。学生的许多心理问题，大都与家庭环境、家长教育方式有关，班主任的家教指导尤为迫切。

案例中的班主任，对班上的"不速之客"，先是"上门报喜"，激发家长对孩子的期望心理。接着，针对以"爱"的名义实施的暴力行为，创建"家庭合约"，初获效果。对于孩子"出现反复"，班主任给了家长专业性的指导，不仅缓解了家庭矛盾，还能让家长尝试用正确的方式关爱孩子。其实，父母的观念里，都留有上一代人教育理念的印记。班主任的指导切中肯綮，使家长意识到了自己的问题所在。

家庭教育的关注点，应该是儿童的心理。这个心理，包括健全的人格。要改变儿童，首先要改变家长，班主任任重而道远。

## 案例2：“家庭宝贝”计划

### “宝贝”和他的爸爸

“老师，小方的作业又找不着了。”刚进教室，几个学生七嘴八舌向我报告。哎，又是这个爸爸的“宝贝”！进入小学快一年了，还常有人告发小方没带作业、忘带书。记不清已对家长强调了多少次，可他爸爸每次都说：“老师，作业肯定带了，在他书包里，你帮他找找。”于是，只要在他书包里一翻，总能有发现。久而久之，每次他没带东西，我就径直拿来他的书包，在里面找。果然，夹在语文书里的那个蓝本子就是今天要交的作业！

小方是班上个子最矮的孩子，长得很可爱，大大的眼睛，又白又嫩。他爸爸中年得子，与同龄孩子的家长相比，明显苍老了许多。每天放学时，别人看到还以为是爷爷接孙子呢。

因为中年得子，小方便是爸爸的“宝贝”。孩子在家里衣来伸手，饭来张口。在学校，做父亲的也不放心，每天中午都来看他，给他送点水果、牛奶。冷了，给他送衣服；热了，给他脱衣服。孩子的笔或尺忘在家里，他也会给送来。这样风雨无阻坚持了近一年，造成的后果是小方的自理能力特别差，动手能力也是一塌糊涂，吃饭做作业都特别慢，每天丢三落四。有时和同学吵架，我找他谈话，还没开口，他总是流着泪先说了。

### 家访带来的改变

一天午后，我敲开了他家的门。他妈妈不在，家里就父子俩，只见他俩面对面坐着，父亲正在喂孩子吃饭。见我来了，孩子爸爸讪讪地放下碗，解释着：“孩子动作慢，吃了近一个小时了……”孩子见我来了，机灵地说了一句：“吃饱了。”孩子爸爸瞄了一眼儿子，对我说：“老师，孩子犯什么错了，你尽量批评他好了。”我随口说：“孩子挺聪明，反应也挺快。”爸爸高兴地点头说：“那就好。”看着他满足的表情，我直言不讳地说：“孩子已是二年级学生，有些事家长一定要让他自己做，不能老是宠着孩子，这样对他的成长是不利的。"顿了顿，我继续说，"在同龄人中，他的动手能力、自理能力明显比其他学生落后很多。""我也知道，哎……"听得出，父亲话语中夹杂的不仅是怜爱还有无奈。随后，他一五一十地告诉我，有时也想让孩子自己做，可看着儿子做起来手忙脚乱、慢吞吞的样子，实在不忍，就不自觉地帮儿子动手了，久而久之，养成了孩子的依赖思想。

了解这些情况后，我向小方爸爸指出：家长过分溺爱，无条件地包办代替，一定会影响孩子的健康成长。我又提出两条建议：第一，让孩子学会自己整理书包，可以先协助孩子完成，然后再放手，最后由他自己整理；第二，在家里，让孩子自己穿衣、刷牙、洗脸、吃饭，父母可在旁边督促。小方爸爸觉得有理，并表示一定配合试试。

刚开始几天，孩子动作依然慢，每天在书包里、抽屉里捣鼓五六分钟，但也能找到自己的作业了。我给他爸爸打电话，其父对此颇为欣慰，还告诉我："经过最近这段时间的训练，孩子整理书包、刷牙、吃饭等事虽然做得不快，但是有条理多了。"我听后也颇感欣慰。

## 一份作业引出的计划

周一，我收了一大沓学生交来的"研究报告"。这是上周教了《丁丁的研究报告》一课后，布置的家庭作业。学生各显神通，有的用电脑写报告，还配上一幅幅好看的插图，详细介绍；有的是手写报告，画上了稚嫩但可爱的图画……我一张张欣赏着。咦！这么老练的字迹，这么精美的图案，应该不是孩子做的吧！报告的右下方赫然写着"小方"。不用说，肯定是他爸爸的作品了。

我马上找来小方，他似乎也意识到了问题，委屈地告诉我："杨老师，爸爸一定要帮我做，他说这个我不会的……"说完，呜呜地哭了起来。"别急，既然这份作业是你爸爸做的，那么今天中午，你自己再做一份，行吗？""行！"孩子用力点点头。果然，大约花了20分钟时间，小方拿来了自己亲手做的研究报告。我计上心来，看来，要转变家长还需孩子妈妈的介入。

于是，我分别打电话联系小方的爸妈，请他们一起来校，共同商量孩子的教育问题。

一天的午后，小方父母在约定的时间准时到校。我先向两位家长介绍了孩子在校的一些情况，肯定了他的进步。小方的爸妈听我这么说，也挺高兴。随后，我拿出一沓学生作业说："这是周末孩子们做的研究报告，虽然不够尽善尽美，但都很努力。"我又拿出小方的两份作业，说一份是在家里做的，一份是在学校里做的。此时，爸爸表情变得尴尬了。

我说，家长包办代笔作业很不妥，并指出：如果孩子做作业一遇到困难家长就帮忙，会影响孩子独立思考能力和解决问题能力的培养，久而久之，孩子就养成了对家长的依赖，不愿意独立思考；一旦家长不在，会感到无所适从；知识的获得需要自己亲身经历，别人是永远代替不了的；孩子成长中有很多事是逐渐学会的，家长不要太心切……

这一席话，给小方父母很大触动。他俩沉思片刻，赞同地点了点头。

我趁热打铁："我们一起商量，应当让孩子做些什么，以及给孩子提供什么？"于是各抒己见。

两个小时后，终于有了共识，妈妈也表示要积极参与教育孩子。根据小方的情况，我们为他列出具体事项：哪些事是他自己必须做的，哪些事可在大人的指导下完成，哪些事是每天必须做的，哪些事可利用双休日完成。交谈中，一份"家庭宝贝"计划书出炉，包括时间、内容、效果评价。每天，妈妈负责在表格上如实记录小方的活动。根据孩子的表现，或给予一定奖励，如带去公园玩、买一本书等；或给予一点惩罚，如减少一小时户外活动、减少周末玩游戏时间等。小方碰到困难，爸爸妈妈会给他一些指导；小方超额完成任务，爸爸妈妈会给予额外奖励。

在家校的积极协调下，小方渐渐养成了自己的事自己做的习惯。作业、上课等方面的表现有了明显进步。在学校的"争创小岗位"活动中，小方也主动承担了班级里的一个岗位，负责关灯、关电扇。经过同学几次提醒，每天早上排队做操前，他都会把教室里的灯关了。令我很欣慰的是，小方的自理能力在逐步增强。

（上海市青浦区实验小学城中校区杨君供稿）

现今的独生子女家庭，父母对孩子呵护有加。在孩子成长过程中，家长总是喜欢"包办一切"。殊不知，过度"保护"却限制了孩子自主发展的空间。案例中，班主任开展了有针对性的指导。

第一，引导家长了解孩子，发现他的特长和不足。

每个孩子都有与别人不同的天赋、兴趣和个性，个人的能力也有强有弱。父母应根据孩子的特点，因材施教，扬长补短，才能获得良好的教育效果。针对"动手能力、自理能力明显比同龄人落后很多"的宝贝，引导家长细心观察，了解其特长和短处，采取"大目标、小步子"的思路，循序渐进地进行教育。

第二，引导家长反思自身，进一步转变教育观念。

很多家长对孩子的照顾，可谓"无微不至"。孩子做口算，帮着检查错题；孩子做完作业，帮着整理书包；孩子上学忘了带文具或作业本，甚至专程送去。他们认为这是家长的责任，其结果是孩子产生了依赖心理。教师指出过分溺爱会影响孩子健康成长，旨在引导家长反思自身存在的问题，进一步转变其教育观念。

第三，家校共同策划方案，从好习惯的培养做起。

家庭教育的重点，不是为孩子"博分"加班加点，而是培养他们独立学习的习惯，提高独立学习的能力。针对家长代做作业一事，班主任抓住了教育契机，因势利导，与家长共同协商，拟订孩子的家教计划：在家长的指导监督下，给孩子创设锻炼成长的机会，通过逐步放手，让孩子形成好的学习与生活习惯。

## 案例3：用心沟通

"老师，我喜欢上了我们班的女生小芳。"我的 QQ 上突然跳出这样一行字，触目惊心。

这是班里一个高大帅气的男孩发来的，没想到他会以这种方式表达出来。

男孩程晨（化名），是我刚接任的九（10）班的一名学生，学习成绩中等偏下，但有一定潜力，性格开朗，即便顽皮，也不是个惹人厌的孩子。开学的一段时间，我们相处得不错。他交友广，通过向我以前的学生打听，获知了我的QQ号。可毫无预兆的这样一行字，着实让我吃了一惊。

从前任班主任那里，我了解到他生活在一个重组家庭，亲生母亲不在身边。也许，这一切来得似乎很正常，那只是一种感情寄托。不管怎样，他能对我说，实属不易，也说明陷得不深。

为稳住他，我告诉他，老师能够理解，因为对方确实是个很优秀的女孩；还答应他暂时保密，前提是学习成绩不能下滑；又告诉他，有什么烦恼可随时来找我。

经观察，我发现两人的家住在同一个区域，上下学一起包车，接触时间比较多；女孩比较懂事，学习成绩也不错，还经常帮助程晨，难怪他会喜欢上她。

后来，我找了个机会和小芳谈心，旁敲侧击之下才获悉小芳并不知道程晨的想法，看来是他一厢情愿。

虽然答应为程晨保密，但家长还是要联系的。

## 与家长电话沟通

通过多方了解，我才知道这个家庭人员关系错综复杂。程晨爸爸现今的第三次结婚，还是在他读小学时。他近年开了一家饭店，生意不错。现在，程晨有两个同父异母的兄弟，一个同母异父的姐姐。哥哥在饭店帮忙打理，弟弟在读小学。程晨的亲生母亲近些年远在国外。忙碌的爸爸加上距离遥远的妈妈，可想而知他缺少父母关爱。

据说，有关家校联系的事，全由程晨的哥哥来处理，我的第一次"电访"就得到印证。接通电话后，我希望家长能在各方面多关心孩子，可对方回应的是"我会告诉他哥哥的"，真让我惊诧。

我想，那些来自离异重组家庭的学生，可能会有不少心理问题。作为教师，应对他们多一点关心和帮助。

## 家长会上遇"代家长"

在第一次家长会上，我见到了一张年轻的脸。他主动找我，脸上有着与年龄不相称的成熟，身上带着一股烟味，但言谈非常有礼貌。在了解程晨的在校表现后，他很坦诚地对我说："老师，我家对他也有打算，如果他肯努力，走体育特招这条路，全家肯定大力支持。现在他很叛逆，我爸和他说不上话，继母的话更不听，我的话他还听一点。但如果不努力，我们也不想让他去读中专，就直接在饭店里培训、工作。"话虽句句在理，却令人黯然。最后，他答应尽力配合学校，管教好弟弟，多关心他。

说实话，重组家庭的兄弟姐妹能相处融洽实属不易。但我觉得，管教孩子应是父母的事，真要帮助程晨，还得从其父母入手。我建议，尽量让程晨与父亲多沟通，也要父亲多关心、了解孩子各方面的情况，不能什么事都交给哥哥处理。

由于担心程晨与小芳会越走越近，我找来小芳的家长。聊到学业后，我强调在初三这个关键点，家长要多抽出时间照顾女儿，并建议家长每天接送女儿上学回家，避免小芳单独与程晨接触。家长也似乎听出了其中缘由，答应尽量接送她。这样一来，我认为还未深陷其中的程晨会慢慢清醒的。

## 出现新问题，寻找突破口

过了几天，早上程晨来交作业，我闻到他身上有股浓烟味。当时也没多想，以为是家里的原因。接着，有学生来汇报，说程晨的课桌里有四盒香烟。我当即找他，面对香烟，他除了说是从家里带来的，其他一言不发。我马上电话联系他父亲，希望他来学校一起解决，可来的仍是他哥。批评了一通之后，总算问清原委。原来他从家里拿了四包烟，不仅自己想吸，更为了卖给别人换钱。问要钱做什么，他不肯说。但从他的眼神里我似乎有所察觉，经过一番"软磨硬泡"，得知圣诞节快到了，他想买些礼物送给小芳。这一下我感到问题有些严重了，但仍想采用冷处理方法，打算先与家长协商。

程晨的妈妈在国外，我不知如何联系。经询问，程晨说他平时是通过网络联系母亲的。我心里惊喜找到突破口，于是记下了程母的 QQ 号和邮箱地址。

## 借助网络，越洋沟通

当晚，我发了一封邮件给程晨妈妈，反映程晨的最近表现。

隔了两天，收到回信，字里行间指责程晨爸爸不关心孩子，接着又是推卸自己的责任，不过言辞中也充满了无奈和惭愧。最后，程晨妈妈很坦白地说，自己亏欠孩子很多，也希望通过网络与班主任多交流，愿尽力帮助孩子健康成长，以弥补关爱教育孩子的空白。见此，我即用 QQ 与她联系，把程晨的情况向她和盘托出。她也意识到问题的严重性，表示一定好好劝导孩子。

这样一来二往，我和程晨妈妈的越洋沟通坚持了一个多月。

在此期间，我不定期反映程晨近况，并要求她别在孩子面前流露对其父的不满，避免父子关系紧张。还建议她尝试写电子邮件鼓励和教育孩子，可以多对孩子说说在外挣钱的辛苦。起初，程妈妈担心这样沟通意义不大，但在我的鼓励下，她还是坚持了。我又建议她给孩子每封信的开头都写上："儿子：你好！"

一天，程妈妈转发了儿子的一封回信。内容如下：

妈妈：你好！

妈，你知道吗？我喜欢上了班里的一个女孩，我们一起乘车回家。有时，我被老师留下来，她就一直等我，还给我整理本子和书包。不过，最近难以接近她了，因为她父母天天接送她，我们没有接触的机会，好像也没了什么话题……

这封信，反映出孩子的真实想法。不管多大，孩子在妈妈面前永远是孩子，一句"儿子你好""妈妈你好"的交流方式，使得远隔重洋的母子二人的心更近了。我相信，很多问题也会在彼此尊重与理解中不攻自破，这让我品尝到了另类家访的乐趣。对于青春期的学生来说，声音有时是苍白的、酸酸的，而文字却是鲜活的、甜甜的。

### 妈妈回国携手教育，问题迎刃而解

春节前，程妈妈回国了，问题有了转机。由于经常发送邮件和QQ与妈妈聊天，程晨的情感需求得到满足，脾气明显比以前温和多了，与爸爸一家的关系也缓和了很多。本来就性格开朗的他，变得更加轻松了。

我利用他妈妈回国的难得机会，与母子俩多次谈心。在交流中，我听到了程晨的心声："我想找到一种被照顾的感觉，小芳出于热心在学习、生活上帮助我，我便产生了错觉。"听到这一真诚表白，我和他妈妈都很兴奋，觉得自己的一切付出都是值得的。

在随后的区运动会上，他打破了跳高区记录，被一所高中提前预录取。我及时让他定下新目标：中考达到区普高分数线。

程晨是幸运的，一个个好消息接踵而至，这给他未来的学习生活以极大信心。

程妈妈回国了，程晨还得和爸爸一家在一起生活。虽已不能给孩子一个原本意义上的家，但父母应该合力，给孩子完整的爱，我将为此而继续努力。

（上海市青浦区实验中学张锐供稿）

### 解读

重组家庭中的学生，普遍缺乏安全感，经常感到孤独无援，他们非常需要爱的呵护。解决问题的关键还是家长，而这类家庭中的大多数父母，本身心灵上也受到过伤害而造成某种心理扭曲，致使孩子变得更加孤独、冷漠。作为班主任，对离异重组家庭的家教指导，不但要有独到的技能和方法，还应拥有宽大的心怀。案例中，班主任对一个特殊家庭的学生，没有埋怨，没有指责，而是积极探寻问题的根源，探索解决的方法，其经验值得同行借鉴。

第一，关爱为先，以爱心滋润学生内心。

班主任作为学生在学校中最亲近的人，要主动找学生谈心，走进学生内心，并以爱心滋润之。不仅谈学习，也要谈家里的情况。学生能体会到老师的关爱，就愿意把心里话说出来。师生之间能建立起真诚的感情，班主任的引导和点拨就容易被学生接受。这一切，取决于能否让学生在教师身上感受到父母般的温暖。

第二，主动沟通，为家校联系架起桥梁。

班主任要以多种方式主动与学生家长联系，一方面督促家长承担起教育孩子的责任，另一方面根据不同的家庭背景，帮助家长克服生活挫折带来的不良情绪。向特殊家庭反映学生的在校情况时，要多报"喜"少报"忧"，维护学生在家长心目中的形象。这种沟通困难虽大，但精诚所至，金石为开。

第三，因人制宜，根据不同家庭制定不同对策。

在掌握学生家庭的详情之后，要因人制宜确定教育对策以及相关的家教指导思路。可从学生的父母着手，通过家访促使其端正对待孩子的态度，运用有理有节、有法有情的工作，为离异重组家庭的学生弥补亲情的缺憾，创设新的教育渠道，从内部和外部共同作用，使学生得以在温暖和谐的氛围中健康成长。

## 5. 实践检验——同时

> 对于青年班主任的专业成长来说，"做中学"与"学中做"同样重要，也就是说"知"与"行"两者应该并列，需要"同时"进行，这样才能在实践中解决疑难问题做出真成效，在求知时提升教育智慧学到真本领。

请你设计一份家长沙龙或家长会的方案。

## 6. 学材链接——同化

> 学习的一个重要目的与过程，就是心理学说的"同化"，即将外部世界提供的有关信息整合到学习者自己原有的认知结构之中，用以应对新的问题。面对丰富的外来资源，能不能"同"而"化"之，需要用心思考。

[1] 梅洪建. 家校沟通，没有痛过你不会懂——知名班主任梅洪建的心路历程 [M]. 北京：中国轻工业出版社，2017.

[2] 21世纪中小学班主任培训教程编委会. 21世纪中小学班主任培训教程：班级家庭教育指导 [M]. 北京：知识出版社，2004.

[3] 王怀玉. 小学家校沟通的艺术 [M]. 北京：中国轻工业出版社，2014.

[4] 郑学志. 与学生家长"过招"——班主任的家长工作艺术和技巧 [M]. 北京：中国轻工业出版社，2010.

[5] 富红芳. 与不同类型家长交往的技巧 [J]. 班主任，2009（10）.

[6] 李娟梅. 班主任如何做好家庭教育指导 [J]. 好家长，2017（21）.

[7] 何康. 青年班主任要提高家庭教育指导的着力点 [J]. 现代教学，2017（20）.

[8] 杨宕军. 农村班主任如何指导家庭教育 [J]. 时代教育，2017（4）.

[9] 张彦文. 浅谈初中班主任与家长合作中的问题与解决对策 [J]. 新课程（下），2017（8）.

[10] 杨倩. 创新家长会模式增强家校沟通实效 [J]. 辽宁教育，2017（14）.

[11] 赵宏. 家长教育——农村班主任迫切需要关注的领域 [J]. 广西教育，2017（9）.

[12] 胡群芳. 从家访看家庭教育之偏差 [J]. 学子（教育新理念），2013（16）.

[13] 宋阳波. 班主任是联系学校教育与家庭教育的桥梁——由一堂主题班会引发的反思 [J]. 考试周刊，2013（89）.

[14] 李坚英. 从家访看家庭教育与学校教育的结合 [J]. 中学教学参考，2011（6）.

[15] 王宗标. 浅谈班主任应如何指导家庭教育 [J]. 科技信息，2011（5）.

[16] 徐慧敏. 让阳光照耀每个家庭——班主任如何科学指导家庭教育 [J]. 新课程研究（下旬），2009（7）.

# 问题 7　班主任如何与任课教师交往

## ——聚焦于"真"

**【导语】**

"你的班级太乱了，那个谁谁，应该好好管管。"

"××老师老是拖课，我们上厕所都来不及。"

"我是××的家长，孩子最近的数学成绩下降得很厉害，说老师很多题目都讲不清楚。"

这些来自师生及家长的反映，让很多青年班主任"头疼"。问题涉及班主任和任课教师的关系，协调得好坏，将直接影响班级的教育教学。如能处理得当，未尝不是一个教育契机，成为班集体建设的切入点。那么，班主任该如何处理此类矛盾？陶行知说过"真教育是心心相印的活动"，班主任在教育学生时要讲究"真"，在与任课教师交往中同样也要如此。为了一个共同的目标，班主任应向任课教师敞开胸怀，真诚地与他们进行心灵的沟通，并引为"知己"，彼此结成"同盟军"，相互支持，用整体效应弥补个体能力上可能的不足，以合作行动呈现团队的力量，在教育学生的征程中并肩前行。

## 1. 现象审视——真实

学校中，矛盾无处不在，无所不有。对于班主任来说，最棘手的不是自己与学生、与学生家长的矛盾，而是班级里的学生与任课教师的矛盾。对此，班主任要"眼观六路，耳听八方"，从不同角度去观察，率先把握矛盾的"真实"一面。

在一次培训活动中，一名青年班主任说出了困扰自己很久的一个纠结。

## 如何解决师生矛盾

我第一次担任班主任时，班级管理的经验几乎为零。所以，我祈祷自己的班级任何时候都太太平平，不出什么大问题，因为我害怕自己无法应对那些棘手事件。

但事与愿违，偏偏我班出现了学生讨厌上数学课的"情况"，而且是集体行为。甚至发生了由一名班干部带头，联合全班同学写匿名信给校长，要求撤换数学老师这样的事。对我来说，这个消息简直是晴天霹雳！我无法想象那么小的学生竟然会有这么大的能量，而且还是一个好学生带头行动。当时，我被气得无言以对，不知道下一步该怎么办。我能做的就是虎着脸将全班学生狠狠教训一顿，说了一些怎么可以对老师这样不尊重之类的话。之后，我又找了那个班干部，给予其一番严厉批评。就这样，我以为事情解决了，懂事的学生应该会改变对数学老师的看法。

可是情况不容乐观。表面上，学生虽然少了很多怨言；但凭直觉，可以看出他们对数学的兴趣不高。更让人想不到的是，在接下来的期中考试中，我班数学成绩竟然排在年级最后一名，而且与其他班有7分左右的差距。这是很不正常的，我焦急万分，不知如何是好。

数学老师是个比较有性格的中年男教师，我跟他几次交流，他一直埋怨学生问题多。作为青年教师，我不能多说什么。我发现，数学教师与学生之间存在矛盾，双方抵触情绪很大，学生对数学教师的看法并没有因为那次"匿名告状"事件被处理而改变，相反更加激化了。数学课的教学效果可想而知，学生的成绩也就一落千丈。

面对这样的师生矛盾，作为一名新班主任，我非常头疼，不知道怎样处理。对于自己先前的简单做法，也不知道错在哪里，年轻的我真是束手无策。

如何协调学生与任课教师的关系，青年班主任面临的挑战越来越多，如个别学生甚至部分学生在课堂上与教师对立，直至发生冲突。作为班主任，处理这类师生矛盾，既要维护教师的权威，又要考虑学生的权益，实在是个两难问题。此外，一个班级的任课教师之间也需要班主任去协调关系。这些问题，都"真实"地存在着。

## 2. 问题诊断——真相

> 对于学生与任课教师之间出现的种种矛盾冲突，班主任既不能见风就是雨，随加定论，又不可将它看作一个"站队"问题，而应该深入了解问题的"真相"——事物的本来面目或真实情况，从而有的放矢地解决好问题。

### 学生与任课教师矛盾分析

学生与任课教师的矛盾冲突，一般表现在两个方面。一是任课教师对学生的课堂表现或作业完成情况不满，而且直接向班主任告状；二是学生及其家长对任课教师不满，这种不满或因教师"超严格"，或是学生不习惯。

从现实情况看，学生和任课教师之间出现矛盾冲突，根源有以下几个方面。

一是任课教师的教育责任意识在淡化。现行的班级管理体制强化了班主任的职责地位，无形中弱化了其他教师的育人责任。学校组织一些德育活动及班级集体活动，基本上看不到非班主任教师的身影。任课教师遇到学生需要教育的问题时，自己不处理，常常推向班主任。

二是学生对有的任课教师缺乏敬畏感。一个班级的各科任课教师性格各异，专业知识、道德素养、教学经验和工作态度等往往不完全相同，他们对学生的要求也可能不一样，由此得到学生的不同评价。而学生对班主任通常比较敬畏，对任课教师特别是被自己评价不高的教师的批评，则缺乏应有的敬畏感。

三是个别教师教法不当引起师生对立。每个教师有自己的教学风格和特色，每个学生也有个人的性格习惯和爱好特长。教师的教育方法和经验各不相同，学生对教师的教育反应也因人而异。由于种种不同与差异，极易引起课堂偶发事件，致使师生之间情绪对立，甚至出现冲突。

四是任课教师教学要求过高导致矛盾。有的任课教师总是强调本学科的重要性而轻视其他学科，为此布置大量课外作业。其他学科也不甘"示弱"，陆续跟进，致使学生无法招架，怨声连连。至于班上的学困生，几乎所有任课教师都要找来对其进行辅导，因时间难以协调，造成同事之间关系紧张。

对于这些问题，青年班主任有以下几"难"。

一是时间安排难协调。如班级里几个学习成绩落后、行为习惯较差的学生，班主任要经常找他们谈话，各科教师也要对他们个别辅导。这本来是一件好事，教师的要求应予满足，可时间上很难安排。协调不好，任课教师难免会有"没法管""管不了"的抱怨，班主任一人怎么负得起责任？

二是学生要求难满足。学生反映某门学科作业多，占用很多课外时间，其他功课来不及做，希望班主任出面协调。青年班主任不知如何开口，即便说了，别人也不以为然。遇上年长教师更不敢说，怕关系弄僵。尤其是对担任行政职务的任课教师，越发为难。班主任如消极回避，学生正当要求就无法满足。

三是各科需要难"摆平"。班主任自己也任教一门学科，但要对学生全面发展负责。为了站稳讲台，当然要投入时间。促进学生各科学习均衡发展，总不能牺牲自己任教的那门课。而其他学科如果"摆不平"，更会影响同事关系。如此两难，青年班主任常常顾此失彼，捉襟见肘。

## 3. 理论导引——真谛

化解矛盾、解决问题，需要来自工作实践中的经验，有待专业理论的指导。尤其是学生与任课教师之间的矛盾或问题，更期望得到含有理论智慧的实践经验的指导。那些深刻的道理——"真谛"就藏在其中，值得教师细细研读。

## 班主任如何协调学生和任课教师之间的关系

苏霍姆林斯说："要使教师们在教育和教养的一些重大问题上能够保持一致的观点和信念。观点一致能够保证每一位教师的个人创造性得到充分发挥。"据此，班主任要教育好学生，就要充分调动任课教师的积极性。

作为一名班主任，要关心班级学生各门功课的学习，经常与任课教师取得联系，认真倾听他们的意见，积极配合他们的工作，加强与任课教师的沟通，协调好学生与教师的关系。一个优秀的班主任，要具有出色的人际协调和组织能力。

第一，帮助任课教师树立威信，营造班级尊师风气。

开学时，班主任可向学生介绍新任课教师的姓名、经历、教学水平、教学效果、特长爱好等，使学生对新教师有良好的第一印象。特别是要介绍各个任课教师的授课风格及教学实绩，让学生觉得本班教师团队是不错的，以增强其向师性。通过宣传缩短师生之间的距离，树立教师的威信，为创造良好的教学环境铺平道路。

第二，定期或不定期主动与任课教师交流，互通信息。

有些教师任教班级多，班主任应主动与其交流，不要等人家找上门反映问题。有些后进生在任课教师的课堂上不遵守纪律，班主任应及时了解情况，为任课教师助力。班主任与任课教师沟通，时间不限，地点随意，形式多样，主要围绕学生课堂表现、作业情况和学习成绩征求对方的意见和建议，把一些可能的误会消除在萌芽状态。

第三，邀请任课教师参加班级活动，融洽师生关系。

班主任应努力创造机会，增进任课教师与学生的接触和交流，促使相互了解和理解。如在班级举行主题班会或大型活动时，由课代表请来任课教师，并将任课教师安排在学生小组中，让师生一起开展活动。又如，可利用学校组织的节庆日活动，设计以教师为主题的专门项目，邀请任课教师一起参加，加深师生彼此之间的情谊。

第四，虚心听取任课教师意见，妥善解决师生矛盾。

学生的表现，往往呈现出多面性。任课教师基于其教学场合的特殊性，常能了解、掌握学生的真实一面。班主任要认真听取任课教师反映的问题，虚心接受任课教师的提醒、建议甚至批评。不能认为任课教师在课堂教学中遇到的问题与己无关，而应该主动介入。对于由此而发生的师生矛盾，也要学会倾听，做到"兼听则明"。

## 4. 案例研读——真切

> 如何与人相处，是一门并不深奥，但又不容易真正掌握的学问。每一个案例，都蕴含着班主任的工作艺术和实践智慧。这里有真实确切的事例，有真挚恳切的情感，品读时要"真切"地去感受，方能有所悟、有所得。

### 案例1：从"糟老头"到"美男神"

"小朱啊，看看你们班，学生上课随便讲话，吵吵闹闹，还跟我顶嘴，根本没把老师放在眼里，这样的班级我上不下去了！"下课铃声刚响，教美术的徐老师气呼呼地冲进办公室，一个劲地向我数落学生的种种不是。

原来，刚才的美术课上，学生说话声不断，老师无法制止。还有一名学生竟趴在桌子上睡觉，徐老师非常气愤，将他的书本扔出窗外。这个学生可是一个"火药桶"，结果当场就和老师顶撞。

"怎么会这样"，我心里嘀咕着。开学以来，对于我班的课堂纪律，其他任课老师一致反映很好，怎么就美术课出问题了呢？再说，美术老师平时也没数落过学生的不是。看来，今天的问题一定出在学生那边。

我安抚了徐老师的情绪后，立马去教室，想好好教育一下。

进入教室，我大声训斥道："作为中学生，遵守课堂纪律是最基本的要求，你们怎么做不到呢？"全班鸦雀无声，有人耷拉着脑袋，有人面露委屈状。看着这副模样，我气不打一处来，但还是忍住了。心想，还是等放学后，找几个班干部了解详情后再说吧。

放学后，我对几个班干部说："今天美术老师非常生气，对我们班上课纪律很有意见，这说明我们肯定有问题。现在临时召开班干部会议，希望大家开诚布公说说美术课上的问题以及解决办法。"

班干部们七嘴八舌地说开了。

"徐老师不修边幅，形象邋遢，身上还有一股烟味，普通话也不标准，看上去像个抽象派艺术家。"

"同学们私下叫他糟老头子。"

"去年教我们的是一位颜值颇高的年轻美女老师，上课生动有趣，大家都喜欢听她的课。"

"同学们觉得两位美术老师差别太大，上课风格又不同，所以一下子没能适应。"

"美术老师上课，经常放视频，沉浸在自己的作品中，同学们也自顾自开小差。"

在你一言我一语中，我逐渐明白了学生的真实想法。

但是，即便学生有更多的理由，如果不协调好徐老师和学生的关系，那么轻则会影响教学质量，重则将影响师生关系。作为班主任，我要主动出击，为学生塑造一位艺术"男神"。

## 第一步：拨开云雾，树立"男神"威望

我先收集徐老师的资料，在事发后的第二个星期举行了名为"美术课的正确打开方式"的主题班会。班会上，我让大家先回顾前任美术老师的课，学生说得头头是道，恨不得请回这位"女神"。然后，我话锋一转，询问大家是否了解现在教美术的徐老师。话音刚落，学生就数落着徐老师的种种"不是"：邋遢、死板、普通话说得不标准……

等他们"发泄"完，我便问道："同学们，知道走廊上那幅大油画的来历吗？"

"学校买的。"

"那可是徐老师为纪念学校建校 50 周年画的。"

"啊！真的吗？"

"哇，徐老师好厉害哦！"

"同学们，你们知道徐老师一幅画能卖多少钱吗？"

"多少？"大家的兴致被调动了起来。

"200 万！"

"哇……"赞叹声此起彼伏，同学们显然无法相信。

我趁热打铁，讲起徐老师年轻时的"风流韵事"。说有一次徐老师在外面吃饭忘了带钱，当场写了一幅字，老板欣喜地收起来，还亲自送他出门，并承诺以后去吃饭一律免费。

看到同学们睁着大大的眼睛，露出羡慕崇拜的神态，我知道目的达到了。"男神"的威望，初步显现。

## 第二步：眼见为实，展现"男神"魅力

耳听为虚，眼见为实。要让学生真正认可老师，还得靠老师本身的实力和魅力。徐老师在写字方面造诣颇高，我趁着学校举办读书节，在班级里组织写字比赛，评委自然请徐老师担任。

比赛当天，班上几名写字高手展示出自己的得意作品，还现场书写。徐老师尽职尽责，对每一幅作品都详细点评，并给出相应建议。内行看门道，其他同学听得云里雾里，那几名高手却频频点头，心领神会。看来，徐老师的一批忠实小粉丝要诞生了。

但是这还不够，要让其他同学也见识到徐老师的本事。于是，我带头提议，嚷嚷着让徐老师写一幅。大家也跟着"起哄"，教室里齐声响起了邀请声："徐老师，来一个！徐老师，来一个！"徐老师满面红光，大手一挥："笔墨伺候！"

铺纸，磨墨，徐老师一气呵成！一首《满江红》跃然纸上，这下子连外行都能看出厉害了。教室里掌声如雷，徐老师眯着眼睛享受着同学们的称赞。还不过瘾，他又变换了一种字体，洋洋洒洒地写了一首《破阵子》。这一下，

全班沸腾了。我带头说了声："男神！"顿时，"男神""男神"的欢呼响彻大楼，徐老师咧着嘴笑着。这时，他一定很开心吧。"男神"魅力初露锋芒，但还不够，还需要做点什么。

## 第三步：从"心"接纳，巩固"男神"地位

自从在写字比赛中小露一手之后，徐老师在班级中的人气颇高。美术课上，大家开始认真听讲起来。但我觉得"男神"的地位还没巩固，于是叫来宣传委员，问起这次全校黑板报评比的情况——

"老师，我们真的尽力了，但其他班级无论是创意还是色彩搭配，都要比我班好……"

"我们可以请外援帮助啊。"

"徐老师？"

"对啊！"

"他会同意吗？我们刚惹他生气过。"

"过去撒个娇吧，再多带几个同学去求呀。"

"那我试试看吧。"

其实，我早和徐老师商量过，请他帮我班的黑板报宣传出谋划策，徐老师也豪爽地答应了。于是，宣传委员"一顾茅庐"就将徐老师请出了山。

徐老师上阵后，指导大家分板块、配色调，原本普普通通的黑板报焕然一新。下个月黑板报评比，我班毫无意外地得了第一。大家在欢呼的同时更加钦佩徐老师了，徐老师的才华像宝藏一样被同学们挖掘出来。他的"男神"地位也越发巩固。

"其他班级觉得不公平，听说他们也要请徐老师帮忙啊！"

"他们敢！徐哥可是我们的！"

这些是同学们私底下的讨论。看来，"美男神"的称号已经众望所归了。但要让美术课真正"活"起来，还须徐老师自己努力。

## 第四步：坦诚交流，我们都需要改变

虽然徐老师已被大家接受了，但根据同学们的反馈意见，对他的美术课

还是很难提起学习兴趣，因为徐老师上课经常让学生看视频。美术视频确实很专业，却非常枯燥。看来，还得和徐老师单独谈谈。

午休时间，我敲响徐老师办公室的门。一见面就拍了一个"大马屁"，说徐老师的魅力比我这个班主任大，他听了哈哈大笑。接着，我委婉地表示学生想听老一辈艺术家的故事。徐老师当场拍着胸脯说，这没问题。我顺势向他讨教"如何让学生喜欢教师的课"，在互相探讨后，我们达成一致观点：课堂上要选好一个话题，创设一个情境，营造一种氛围，使师生在课堂上进行多向交流；这样的课，学生能投入，学得快乐，教师也教得顺畅。聊到最后，徐老师一改往常的潇洒样子，意味深长地说，"是啊！教师也需要改变！"

如今，美术课已是我班的"网红课"，纪律不再是问题，徐老师每次走出教室都是笑嘻嘻的。最近，我又一次在教室后偷偷观望，同学们睁大眼睛，听得津津有味，徐老师更是红光满面，精神抖擞。

（上海市闵行第三中学朱超供稿）

## 解读

协调师生关系，调解师生冲突，是每个班主任都会面临的问题。师生产生矛盾，可能双方都有责任。班主任如果一味站在教师立场，不仅不利于问题解决，还会使矛盾激化；反过来，如只替学生说话，也会失去任课教师对自己工作的支持。面对"公说公有理，婆说婆有理"，班主任往往会处于"清官难断家务事"的两难境地。

案例中，面对师生感情对立，班主任并未一味地责怪学生，而是从各个方面找原因。找到问题的根源，就有了解决办法：一方面，创设机会展示美术教师专业功底；另一方面，通过坦诚交流，与教师达成共识：教师也需要作改变。最后，在师生共同努力下，美术教师从一个"糟老头"变成一名"美男神"。

班主任的做法值得赞赏之处在于：协调学生和任课教师的关系时，既在学生面前维护了教师的尊严，又在任课教师面前表明了学生的需求和自己的原则。这一协调、解决师生冲突的过程，也是班主任锻炼自己能力的过程。

此外，除了传统的调解方法外，还可以通过笔谈、发短信等有创意的途径来解决。班主任只有在工作实践中不断积累经验、总结教训、及时反思，才能切实增强统筹全局的能力。

### 案例2：一场换师风波

第一次月考后，学校对个别学科的任教教师进行了调整。教我班数学的花老师被调至初三年级，我班的数学课由同年级的余老师接手。得知这个消息，学生情绪很激动，他们都不愿意与感情深厚的花老师分开，个别学生的抵触情绪很强烈。大家的心情我很理解，学生与花老师三年相伴，花老师先进的教育理念、科学的教育方法、良好的教育心态赢得了大家的喜爱，师生之间建立了浓浓的情谊，学生对花老师产生了情感依赖。我正忙于思考怎样疏通大家的思想时，一些状况已悄然而至。

消息扩散的第二天，本该准时到校上课的学生，只剩下9人，大部分学生都迟到了，还有5人竟然没来学校，这是我没想到的。第一节是余老师的数学课，课后他对我说，课堂上空气沉闷，学生启而不发。虽然没有声音，但能感受到学生心不在焉。我十分焦虑，但还是故作镇定地对余老师说："你放心，我会好好做学生的思想工作的。"

说完，我即向班级走去。走进教室，环顾四周，发现大家都闷闷不乐，几名女学生的眼睛是红肿的，估计已哭过了。

我用略带严肃的口气问："今天早上谁迟到了？"

随着话音落下，几个学生怯怯地站了起来，低着头，其中有男生，也有女生。

我试探着问："为什么会迟到啊？"

他们低着头，都不讲话。

我心想，学生这时候的心情一定很糟，为了不把局面弄僵，还是先缓一缓再说。于是，我请两名班干部到办公室，了解具体情况。

我直截了当地问两人："同学们是不是因为心情不好而故意迟到？"

他们支支吾吾地说："不清楚……大概是吧。"

看来班干部也有不满情绪，我就没有追问，心想还是先了解那些没有来校学生的原因吧。于是，我依次拨打他们家里的电话，一个个打过去，都没有人接听。此时，我有点恼火了。拨通第三个学生家的电话，响了好久，他终于接听了。

"孙老师……"电话那头传来声音。

"今天为什么没来上课?!"我的口气有些生硬。

电话那头不服气："学校为什么要换老师，我们不愿意。"

虽然我能理解学生的心情，但也不能让他们由着性子乱来。于是，我的音量提高了："那也不能不来上课呀!"

他继续说："我们的心情很不爽，所以不来上课，要抗议一下。"

这还了得，想造反? 那不乱套了吗?

已火冒三丈的我对着电话喊道："如果你今天不来，明天也不要进教室了!"说完，就重重地挂了电话。

同学们是知道我的脾气的，一旦发了火，后果一定很严重。所以，我断定学生接了电话后一定会来校，而且相互之间还会通风报信。但我也隐隐觉得自己刚才的话有些过头了，于是平息了一下情绪，发了一个短信给其中一名学生："速来学校，有要事商量。"

两节课后，5 名学生陆续到校了。

说实话，班级出现状况，我能理解学生的心情。他们舍不得与感情深厚的花老师分开，所以对学校在教学中途更换教师意见很大，以致用故意迟到的方式宣泄心中的不满。既然学生没有心情上课，那课表第三节我的英语课就不按原有计划正常上课了。课上，我发了一张练习试卷让大家做。

此时的教室安静极了，学生似乎在等待我的"疾风暴雨"，脸上难免有几分忐忑不安，还有人即使在做题也会偶尔抬头看一下我的脸色。此刻，我的大脑在高速运转，思考着如何解决眼前的尴尬。我很了解这班学生，他们心智不成熟，做事不考虑后果，但非常重情谊。因此，不必急于训斥，可以"冷处理"，给他们反思的时间，让他们意识到问题的严重性。学生的思想必须在今天做通，当务之急是组织一次班级活动。于是，我快速思考着……

放学后，全班留下，并请来了部分任课教师，一堂"师恩难忘"的班会开始了。

首先，由几名学生讲讲教师对自己成长的影响。一个学生说，人生最有幸的是遇到好老师，老师就像灯塔和舵手，会指引和带领我们航行，让我们拥有健康的体魄，快乐地成长。从这些话中可以看出，学生的悟性还是很高的。

接着，我让大家各自回忆老师留给自己印象最深、最令人感动的事。此时，很多同学的话匣子一下被打开了——

"花老师像妈妈一样，一次我的裤子破了，是她帮我缝好的。"

"花老师牺牲了许多陪伴家人的时间，全身心地为我们付出。"

"花老师每天很早到校，一对一地给我们面批作业，对基础薄弱的学生总是很有耐心，反复讲解。"

"花老师带病上课。"

"花老师对我们实在太好了。"

……

同学们你一句我一句，纷纷抒发了对花老师的热爱之情、崇敬之情和感激之情。

接着，我拿出事先准备好的一个"罢课风波"的片段：8月22日，初二(8)班学生得知更换班主任的消息后，几名班干部联合同学找到校长，希望不换班主任，学校没有接受，于是学生决定"罢课"抗议。然后，要求大家就此开展讨论。

学生的发言很是热烈：

"我觉得校长应该好好和同学沟通。"

"同学们的做法有点不理智，罢课受损失的是自己。"

"学校一定是从大局出发才这么考虑的，我们应该支持学校的做法。"

……

看着同学们在热烈讨论，我瞄了一眼迟到的和几个故意没来上学的学生，他们的眼神告诉我，他们已明白老师的用意。全班对这件事达成了共识：遇事不能莽撞，可以换一个角度考虑问题。

我意味深长地对大家说："是啊！就像我们现在一样，数学教师花老师被换了，大家的心情一定不爽，但仔细想想，我们的做法是否有问题？其实，我们身边像花老师那样的老师有很多，他们为我们插上理想的翅膀，帮助我们在知识的天空中翱翔，像妈妈一样疼爱着我们，像大姐姐一样和我们说着知心话。我们将来还会遇到许多不同风格的老师，可以从每位老师身上汲取营养，更好地丰富自己。'亲其师'而不'依赖其师'，更不要因为喜欢一棵树而拒绝一片森林。如果我们稍加留意，就会发现有很多老师像花老师那样在关心、呵护我们。所以，我们要珍惜每一段师生情。"

听了我的这番话，同学们心领神会地点头。

班会最后，为了留住师生之间那份美好的情感，我建议学生回家后亲自制作一张贺卡，写上祝福的话语和自己的心愿，送给花老师和其他任课教师。

这次班会很成功，我以学生身边的事和发生在自己身上的事为例，引导他们回忆与教师相处中的点点滴滴。通过旁敲侧击，在沟通和交流中，稳定了学生的情绪，鼓励学生学会信任、学会理解，从而激励学生更加热爱老师、尊敬老师，努力向上！

转眼间，一个月过去了。在阶段性测试中，我班的数学成绩取得了很大进步，这让我十分欣喜。班会课上，我大大表扬、鼓励了他们。当我问大家对余老师上课的感觉时，同学们纷纷抢着说：

"余老师的语言很风趣。"

"余老师的解题方法很高超！"

"上余老师的课不能开小差，稍不留神就会掉队！"

学生的话让我由衷地感到欣慰，心中更是被这份浓浓的师生情感动。因为它证明了，师生之间在心里相互容纳、相互理解、相互尊重，问题就会更易解决，教育就会更有成效。

（上海市青浦区珠溪中学孙莉供稿）

任课教师因故而中途更换，这在学校中是很难避免的事情。如果学生因教师换了不适应而"闹事"，那么肯定会影响自己的学习生活。对此，班主任唯一能做的，是设法提高学生的适应能力。

案例中，面对学生因"换教师"而产生的强烈抵触情绪，班主任既不"火上浇油"，又不"扬汤止沸"，更没有急于训斥，而是另辟蹊径，通过举办一次别开生面的主题班会，引导学生抒发对教师的真挚情感，启发学生明白：每一位教师都是不同的，任课教师换了，也许能接触到更多的学习方法和更新的学习观念，使自己的学习更有"新鲜感"。

大多数情况下，学生不愿意接受新教师，往往是心理因素使然。其实，每个教师都愿意尽快了解新班级的学生，尽快拉近与学生的心理距离。鉴于此，班主任首先要抓住教育时机，引导学生消除对新教师的误解和排斥心理。其次，基于每一位教师的教学特点，指导学生学会适应，为达到有效学习争取更多的主动权。

案例3：强化与任课教师的关系，打造班级管理合力
——来自一线的体会

班主任的日常工作，除了班级常规管理、班集体建设、突发事件处理等，还有一个重要的方面，那就是和任课教师的协调，对此尤其不可等闲视之。事实上，不管是班主任还是任课教师，对教育教学都有着相同的追求目标：一方面，是学生在学科学习上有长足进步；另一方面，是学生在思想道德、行为习惯上得到良好成长。基于一线工作的体会，可以说班主任和任课教师是站在一条起跑线上的"同盟军"。强化班主任和任课教师的协作关系，比任何一个人单打独斗会取得更好的教育教学效果。

### 拉近师生心理距离，让任课教师有团队归属感

从某种视角看，学生是一个"多面体"，在班主任和任课教师面前，他们

常常会有不同的行为表现。班主任加强与任课教师的沟通交流，能更全面了解学生。但绝大多数任课教师承担了不止一个班的课，加上学科差异，他们与学生交流的频次和效率都比不上班主任。这就需要班主任创造机会，拉近任课教师与学生的心理距离，让其感受到自己是班级中不可或缺的一部分，由此对这个班级产生归属感。

如每逢教师节，我建议班委策划自制卡片、小礼物，写上祝福语，送给每位任课教师，表达尊敬和感谢。到了三八妇女节，班委会给每位任教我班的女老师送上一支康乃馨，表示慰问。每逢班级重要活动，我们都会发出邀请函，盛情邀请所有任课教师一起出席。

又如，我班有十几个学生的生日都在12月，初二时他们可以按规定领取身份证。为此，班级举行了一次"生日月"活动，这次活动同样邀请各科任课教师参加。他们一起观看学生编排的节目，倾听学生的成长感言，并送上了语重心长的"成长寄语"。

一次次的活动交流，拉近了任课教师和学生、班主任的心理距离，增进了他们对班级团队的归属感，为今后的合力教育打下了良好基础。

## 抓住矛盾化解的契机，以合作增加同事的信任感

班主任要处理的突发事件中，有一部分是学生和任课教师的矛盾冲突。

刚当班主任时，每逢任课教师怒气冲冲地将调皮捣蛋的学生拉到我面前，然后陈述学生的"罪状"时，我总会倍觉压力，并且火冒三丈，一股脑地对学生批评教育一番。但这样做的效果并不好，因为它不但没有解决师生矛盾，反而继续恶化了师生关系。

一次，班里一个男生又因为违反课堂纪律被任课教师拉到教室门外。在了解了基本情况后，我发现这个男生和教师的矛盾、误解比较深。起因是在期末考试前，任课教师正在课堂上紧张地讲解题目，教室的一角不时发出窃窃窣窣的说话声。教师抬头一看，发现他在那里窃笑，于是就严肃地批评了他，并且让他站到教室外面。他辩称不是自己在说话，觉得老师冤枉了他，执意地坐在位子上，一动不动。教师看到他这样的态度，觉得学生不尊重自

己，故意为难自己。一气之下，将其拖出教室，两人还有了肢体冲突。之后，这个学生对任课教师有了怨愤心理，师生关系一直很紧张。

在了解了这些情况后，我与这名学生进行了一次非常深入的交谈。我告诉他这位任课教师任教几十年来在工作和学习上的付出和取得的成绩，让他了解教师严厉背后的才华和温暖，并引导他反思自己一味赌气地处理师生矛盾的方式有何不妥，再启发他用写信的方式和任课教师交流：一方面，澄清自己当时的行为，表达被误解的难过和痛苦；另一方面，中肯地反思自己处理矛盾的过激方式。

后来，我将这封信转交给任课教师，他也用这一形式给学生回了信。两人还心平气和地交谈了一次，彼此的误解得到了化解。

课堂教学中，任课教师和学生之间的矛盾难以避免。班主任要善于抓住矛盾化解的契机，找到问题的症结，做好任课教师和学生沟通谅解的润滑剂，并由此帮助任课教师解决困难，以互相合作增加同事之间的信任感。

## 主动征求意见看法，增强任课教师班级管理的参与感

班主任的一项重要工作要领是学会"借力"、懂得"凝力"，最后形成"合力"，任课教师则是班主任可以挖掘和借助的一股力量。

很多任课教师都曾经担任过，或现在仍然担任班主任，对学生教育、班级管理有一套经过实践检验的宝贵经验，所以每个班主任都应该积极向任课教师征求班级工作的意见看法。

我在制定"行为规则三十禁、三十奖"的过程中，除了征求学生的意见外，还向各科教师咨询。

比如，美术、音乐教师反映学生到达技能教室时间过长，影响准时上课，未经请假擅自去其他教师办公室补作业或订正作业等情况。于是，就有了"技能课提前三分钟排队前往专用教室""技能课不能擅自缺席"的要求，并和有关教师作好沟通。

又如，在制定奖惩制度时，我曾就采用奖惩单的书面通知形式进行班级管理，事先与几位之前担任过班主任的任课教师进行沟通，得到了他们的认

可和支持。这样，学生上课表现好，积极主动参与课堂活动，思维活跃，教师可以给他一张奖励单，班级根据他的情况给予相应奖项的奖励，有免默写、免作业、担任"流动班长"、领取文具小奖品一份等。奖励单一式三份，一份给学生，一份张贴在班级行为墙，一份任课教师留底。相反，如有学生犯错，教师则开一张罚单，根据学生的实际行为进行相关处罚，如背诵古诗文、担任课代表助手、参加义务劳动等。处罚单同样一式三份，各有去处。

这样的方式，将任课教师的智慧与责任引入班级管理，增强了他们的班级管理参与感，使所有教师在规范学生日常行为方面形成一股强大的合力。

叔本华说过："单个的人是软弱无力的，就像漂流的鲁滨逊一样，只有同别人在一起，才能完成许多事业。"班主任工作也是如此。"一个篱笆三个桩，一个好汉三个帮"，班主任和任课教师形成良好的协作关系，能让班主任更有效地开展工作。

（上海市毓秀学校张萃供稿）

## 解读

班级管理中，班主任是主要责任人，但不能做"光杆司令"，而首先要学会借助任课教师的力量，组建一个"心往一处想、智往一处谋、劲往一处使"的团队。任课教师和班主任思想上的高度统一，行动上的和谐协调，是班主任工作最终能取得成效的关键因素。案例中的班主任，显然认识到了这一点，从而有步骤地构建与任课教师的合作关系。

任课教师由于执教班级多，课务比较忙，班主任需要为任课教师深入班集体多创造机会，组织班级活动是一个很好的选择。它有助于师生之间开展良好互动，也拉近了班主任和任课教师的距离。

当学生和任课教师因误解而发生冲突，甚至因各执己见而关系恶化时，班主任更要积极协调，在尊重双方的基础上耐心开导，增进双方的相互理解。在这里，班主任要用好一句中国传统格言，即"将心比心"，与任课教师沟通，并以此为契机，了解彼此的教育理念，增进彼此的默契和信任。

班级管理中，班主任要多听取、多征求任课教师的建议。"兼听则明，偏信则暗"，善用团队智慧，提高班级管理质效，促进良好班风学风的形成。

班主任和任课教师搞好关系，不是一种技巧，更不是一种圆滑世故之道，它需要班主任发自内心地对任课教师欣赏与尊重。班主任要善于欣赏自己班级的任课教师，这样才能引导学生欣赏任课教师。班主任应该用一颗善感的心去看待任课教师，去发现每一个任课教师的值得欣赏之处。

## 5. 实践检验——真知

任何一个领域，"真知"都来自人的实践。班主任与任课教师的"关系学"，也应该建立在自身实践的基础上。通过实践的检验，辨别其正确性与价值意义，从而用于指导自己今后的工作，同时提供同行参考。

作为班主任，应该怎样协调任课教师和学生的矛盾与冲突，举一个亲身经历过的实践案例，并进行剖析。

## 6. 学材链接——真诚

当局者迷，旁观者清。当班主任使尽浑身解数周旋于学生、家长、任课教师之间时，需要有"真诚"的心态，从他人的经验中探寻协调所有关系之道，或许会有一种柳暗花明、豁然开朗之感吧。

［1］李进成. 教师怎样说话才有效［M］. 北京：中国轻工业出版社，2012.

［2］王莉. 扶年轻班主任上马［M］. 北京：中国轻工业出版社，2011.

［3］［美］威廉·鲍威尔、［印尼］欧辰·库苏玛–鲍威尔. 做一名高情商教

师［M］.张园,译.北京:教育科学出版社,2015.

［4］陈宇.你能做最好的班主任［M］.北京:教育科学出版社,2011.

［5］郑英.班主任,可以做得这么有滋味［M］.北京:教育科学出版社,2012.

［6］许先林.搭建沟通桥梁化解师生矛盾——当科任教师与学生发生冲突,班主任何为?［J］.中国少年,2015(21).

［7］李嘉玮.师生冲突及其化解策略之探讨［D］.上海师范大学硕士学位论文,2009.

［8］李镇西.班主任如何处理好与任课老师的关系［J］.班主任,2014(11).

［9］龚雪玲.沟通、引导,当好调解员——浅谈班主任如何处理学生与任课老师之间的矛盾［J］.中学时代,2013(14).

［10］葛乃娟.架设心灵沟通的桥梁——班主任如何化解学生和学科教师间的矛盾［J］.基础教育论坛,2016(7).

［11］张玉美.班主任如何协调学生和任课教师之间的关系［J］.教学与管理,2012(10).

［12］韩涛.班主任巧做"和事佬"［J］.平安校园,2015(5).

［13］陈建国.研判·评估·设置预案·主动参与——谈班主任如何介入科任教师与学生的冲突［J］.福建教育,2014(43).

［14］万荣庆.打造教师班级管理团队,实行集体班主任制［J］.中国教师,2010(8).

［15］刘丹.班主任如何团结科任教师共同协作［J］.班主任,2016(5).

［16］周德生.班级管理新模式:教师"打包制"［J］.教育理论与实践,2008(6).

# 问题 8　班主任怎样纾解心理压力

## ——以"变"为策

**【导语】**

班主任要一肩挑教育与教学两副担子，工作从早忙到晚，而且事务烦琐，责任重大。面对学校各个级别下达的评比要求，班级教育工作的常规任务，学生家长的多种需要和日益增强的社会舆论，加之自己从教学科的教学质量检查，他们长期处于高负荷状态，用"难以承受之重"来形容也不为过。

来自社会、学校、家长、学生的诸多压力，使班主任的心理空间被严重挤压，甚至扭曲，因此他们身心疲乏，容易出现心理健康问题，乃至产生"心理危机"。

今天在呼吁为学生"减负"的同时，也要为班主任纾解心理压力而助力。当然，内因是根本，班主任纾解压力最终还得靠自身。关键在于首先调整好自我，这是解决问题的基础。而这一切，都要从"变"开始。

## 1. 现象审视——突变

冰冻三尺，非一日之寒。有些问题的产生，看起来是突然急剧的变化，但总有征兆。班主任面对不期而至的"突变"，无论是工作中出现的严重纷扰，还是本人面临的某种不测，心理上要有定力，不能有任何过激的反应。

在培训时，一位青年班主任说起了自己曾经的一段如下遭遇：

## 我快要崩溃了

今年是我参加教育工作的第三年，担任初一（2）班班主任，任教科学和心理。原本觉得自己年轻精力旺盛，这些任务算不了什么，而且青年人也应该多受一点压力。始料未及的是，实际工作中却充满了太多的未知，再加上缺乏经验，我感到很迷茫，不知所措，有时甚至无法应对手头的工作，老是感到自己快要撑不住了。

自从当了班主任，为了"监督"学生独立完成作业，杜绝抄袭现象，我每天都要赶在学生之前，基本上在早上六点半左右到校。哪怕前一天晚上开会或备课再晚，我都努力坚持着，但总觉得很累。有时，听到家人不理解的话，自己也挺委屈，心理压力就更大。

除此以外，学校实行的班主任考核制也快把我逼"疯"了。有时，教室地上出现一张纸，班级就会被扣分，还会影响班主任津贴。有鉴于此，一到下课时间，我就像着了"魔"似的冲进教室，盯着班级课间纪律、教室卫生等情况。一到眼保健操时间，我又条件反射地去教室，尽管有学生干部检查全班做操纪律，但因为曾经有过被扣分的记录，我总是很紧张。这样下来，我几乎不能静下心来处置其他事情。我恨不得将办公桌搬到教室，省得再上蹿下跳。到放学时，我还要在全班进行当天总结，对当天表现不好的学生进行个别谈心或联系其家长。

因为班主任工作占用了大部分白天时间，所以我根本没有工夫在学校备课，只好利用晚上时间备课，还经常备到第二天凌晨一两点钟。有时候累得实在不行，就趴在桌上睡着了。

一年时间下来，可能是因为身心疲惫，我发现自己似乎变了一个人，心情越来越糟。无论做什么事情，总是很烦躁，静不下心来。听到领导在班主任会议上宣布的条条框框，我就反感。回到班级，面对几个问题学生，我真的觉得无能为力。每当考试来临，我总是很焦虑，动不动就在班级里大发雷霆，大声呵斥。我知道，这种简单粗暴的方式只能适得其反，但没有其他办法，我真的快要崩溃了。

面对"沉重"的工作，青年班主任难以解脱心理压力，在这种状况下，经常会出现如下一些不良的应激反应。

"工作狂症"。调查表明，不少班主任的平均在校时间已超过9个小时，有寄宿生的学校则达到12.4个小时。每天除了教学工作外，要忙于检查班级纪律、教室和宿舍卫生、学生早操，还要找人谈话、接待学生家长，以及处理班级偶发事件等。这些看似简单的重复劳动，却要耗费班主任大量的时间与精力。为此，好多教师疲于奔命，身心疲惫，一天忙下来，脑子却常常是一片空白。

低效能感。许多新教师苦恼的是，那些有经验的老班主任工作起来得心应手，游刃有余，而自己却处处受掣肘，举步维艰，不明白问题究竟出在哪里。为了跟上别的班级，他们几乎把全部精力都花在班主任工作上，可还是无甚起色。越想越急，越急越做不好，陷入摆脱不了的怪圈。每天只有失败感，没有成功感，认为自己不是当班主任的"料"，实在不想做了。

"恐家长症"。不少来自农村家庭的学生，父母文化水平较低，教育方法缺乏，对学校依赖性强。有的家长认为，"我出了钱，孩子就交给老师教育了"。而一旦发现自己的孩子不如别人，这些家长则往往迁怒于学校，怪罪于教师。这种来自学生家庭的无形压力，使班主任工作起来如履薄冰、如临深渊。即使像保姆那样，有时也难免会出现疏漏，所以每天就念叨着自己别出差错。

长期的工作负担与精神压力，导致班主任的健康问题日渐突出。调研显示，有48.5%的班主任感到最大的困难与烦恼是事务繁杂、睡眠不足，有43.6%的班主任认为自己已经处于亚健康状态，有47.5%的教师表示不想再当班主任。此外，有一半多的班主任有失眠现象，还有部分班主任感到自己记忆力下降，注意力难于集中，情绪烦躁，常发无名火。这表明，班主任的职业倦怠现象越来越明显。

## 2. 问题诊断——改变

> 对每个班主任来说，他们的心理压力来源也许各不相同，或来自具体的工作任务，或来自社会对学校教育的要求，或来自个人的职业发展，甚至还有来自家庭的压力。纾解压力，首先要找准原因，然后根据实际情况，从内心寻求"改变"。

### 班主任心理压力原因分析

人感受到的压力，最直观的是身上承受的担子。班主任除了在学科方面要教好学生，还要负责管理班级，协调学生、家长、任课教师等诸多关系，其心理压力的形成主要有以下几个原因。

第一，扮演多重角色，使班主任工作特别艰辛。

班主任除了像学科教师一样承担教学工作外，还有大量的教育任务。为了学生的发展，他们必须更富有社会知识和经验，以帮助学生从社会中受益或规避社会中的危害，促使学生逐渐融入社会并承担起对社会的责任。知识传授者、班级管理者、人生引导者这些角色的实践，通常都是在烦琐的日常事务中完成的，包括建立班级常规、关注学生日常行为、协调各种教育力量，直至集体活动的规划、班级各种资料和档案的完善等。这些工作需要耗费大量的时间和精力，由此也极大地增加了班主任的心理压力。

第二，新的教育理念，促使班主任转变工作作风和方式。

新的教育理念强调学生身心的健康发展、和谐发展，强调对青少年主体地位的尊重，强调师生在人格上的平等、在道德上的互相促进关系。因此，教师的教育行为不再被预设成让学生接受，而是要求他们对学生采取鼓励、激励为主的教育方式。处在成长阶段的学生，总会出现这样那样的毛病，甚至有严重的逆反行为。因此，常规的说教、批评难以奏效，有时甚至适得其反。而以往被一些班主任视为法宝的处罚措施，现在更不能随便使用。这种客观形势迫使班主任反思自己的教育行为，探索新的教育方式。在这一观念转变过程中，班主任的处境有时十分尴尬，常常出现想说但不知如何说、想管又不知怎样管的心理纠结。一天之中，若是出现两三次这样的状况，他们自然会感到无奈和身心疲惫。

第三，改革的不成熟，迫使班主任疲于应付。

应试教育的弊端，这些年来一直为社会所诟病，但现行的教材内容、教学方式还是变化不大。新一轮课程改革以学生全面、自主发展为基本价值取向，强调知识与技能、过程与方法、情感态度与价值观三维目标的统整。为此，学校和教师一直在探索适应新课改的教育教学举措，但改革不是一朝一夕的事，现有的成果尚有不成熟之处。而班主任不断地被要求参加新课标、新教材的培训，听课、听报告、写总结，努力探索符合现代教育理念的工作模式，这样的情状常常使班主任疲于应付，以致陷入迷惘。

第四，家长对教育的不满，使班主任饱受责难。

班主任作为社会与学校、家长与教师沟通的桥梁，承载着多重负荷，成为各种矛盾的汇聚点。国家的教育投入毕竟有限，社会和家长对教育的期望则"水未涨船已高"。而外界与学校教育因一些矛盾的分歧看法而带来的冲突，班主任又常常首当其冲。很多学生家长望子成龙的愿望过于强烈，一旦发现自己孩子学习成绩不好，或行为表现不好，便怪罪于教师，特别是班主任。有些家长十分计较子女的座位、先进评选，经常为一些鸡毛蒜皮的事与班主任争执不休，甚至对班主任进行人身攻击。有的家长自己对孩子不关心、不监护，却要求班主任时刻关注自己的孩子，不论孩子在校外还是在家中出问题，都要求班主任出面处理调停。甚至将学生出走等过激行为，也全部归之于学校教育，致使班主任为学生的安全日思夜虑，饱受责难。

第五，付出与回报不相称，使班主任产生失落感。

班主任作为学校的一个工作岗位，虽然按规定享有一定的津贴，但原定的班主任津贴标准多年未有调整，明显偏低。从他们的工作现状看，每天要早上班、晚下班，中午时间往往还得不到休息。很多班主任下班回家后，还有家长找上门交流孩子学习情况，要求班主任给予关照。有时，半夜三更还会打电话给班主任。特别是毕业班的班主任，几乎全部身心都用在学生身上。可他们的付出与回报很不相称，而且得不到应有的尊重，如有的学校为对班主任实行量化考核，将主持一次班会、办一次黑板报等都纳入报酬范围，使班主任平添了一份失落感。

第六，缺少家庭支持，使班主任的情感易受伤害。

班主任的工作性质决定了他们不得不把自己的大量时间和心血放在学生身上，对于所担当的家庭角色，自然会少投入精力和时间，有时更少了一份感情。有些班主任，由于对自己的丈夫或妻子、老人或孩子，关心不够、投入不够，因而得不到家庭的理解和支持，有时还会产生不大不小的家庭矛盾，导致夫妻不和，或父子（女）、母子（女）不和，从而引发家庭纠纷甚至家庭悲剧。这类情形，无疑伤害了班主任的情感。

## 3. 理论导引——应变

> 面对种种压力，班主任不能消极对待，需要切实理解自身的职责，从理论上充分认识什么是必须作为的、什么是可以作为的以及什么是能够作为的，从而了解自我、理解他人，有效调控个人情绪，最好的"应对"策略是：以不变应万变。

### 班主任心理健康初步认知

**（1）班主任心理健康标准**

愉快地接受自己的职业角色。

认同教师角色，勤于教育工作，热爱教育工作。

具有积极乐观的情绪状态。

独创性地开展教育教学活动。

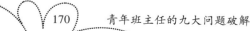

拥有良好的人际关系。

能积极适应和改造教育环境。

（2）**班主任心理不健康症状的主要表现**

职业适应性差。表现为不喜欢自己所从事的职业，由此产生心理不平衡，不愿意和学生打交道，在师生交往中缺乏积极的体验；工作中自信心不足；缺乏进取心和责任感。

由认知偏差造成态度偏差。表现为对学生不作全面细致的了解，不进行交流，主观武断，偏听偏信；处理问题，刚愎自用，我行我素。

情绪不稳定，自制力差。表现为性情急躁，反应过激，容易冲动，不善控制。

心理异常表现。表现为以自我为中心，主观、偏执、自卑、褊狭、嫉妒、多疑、孤僻、懦弱等不良心理。

人格缺陷与神经症。包括冲动型人格、偏执型人格、强迫型人格等。各种神经症的表现，如焦虑症、抑郁症、强迫症、疑病症等。

（3）**调控情绪，自我缓解**

保持乐观的态度。

转移注意力。

增强自信心。

放弃完美主义。

悦纳自我（多对自己说赞美之辞，接纳自己的情绪）。

（4）**舒心八法**

想一想。人生中，挫折和失败实不为怪，换个角度看，却是对人的意志、决心和勇气的锻炼，是对人的综合实力的检验。失败乃成功之母，不少科学家的研究成果都是在几百次、上千次失败和挫折的基础上取得的。

走一走。到野外郊区、深山大川走走，散散心，让阳光、溪流、绿荫、鸟语、花香荡涤一下胸中的烦恼，清理一下杂乱的思绪，以换回失去的理智和信心。

放一放。有得必有失，想在方方面面都有建树是很难的。经过慎重选择之后，得到的会心安理得，失去的会心甘情愿，没有紧张和焦虑，没有沮丧和失望。

乐一乐。想想开心的事、可笑的事；或拿本爱不释手的书，读几个令人开怀大笑、幽默风趣的章节；或去看一场轻松欢快的电影，放松一下紧绷的心情，调整一下前进的步伐，这些都是有益的。

会一会。约三五个知心好友相会，就令人开心的话题聊聊天、叙叙旧，或结伴逛逛市场，或谈谈发型、衣着、护肤等感兴趣的问题，或精心烹调营养可口的小菜，把自己的生活调整得多姿多彩。

唱一唱。一曲优美动听的歌曲，或许会唤起自己对美好过去的回忆，引发个人对灿烂未来的憧憬。歌声是医治忧郁的灵丹妙药，会把抑郁抛向昨天，把欢乐带给今朝。

比一比。将自己与同乡、同学、好友相比，虽说比上不足，比下总有余吧。及时调整心情，不因小败而失去信心，不因小挫而失去锐气。

让一让。对人、对事姿态要高一点，眼光要远一些；从长计议，不在一时一事上论长短，让一步才海阔天空。

## 4. 案例研读——渐变

事物的发展，都有一个逐渐变化的过程。班主任可以在"渐变"中试着去倾诉、去剖析、去思考身边发生的一些鲜活案例，探寻相应的对策，以更轻松、更自信的心态去面对以后的工作，从而获得自身的专业成长。

作为班级管理者，班主任责任重大，工作压力、心理压力也大。如何作好自我调整，以下案例或许会提供一些启示。

案例 1：那天，我对学生发火了

2016 年年底，我获得了青浦区"春晖十佳班主任"荣誉称号，这对我 10 年的班主任工作是一种肯定。随后，我参加了青浦区骨干班主任研修班学习并担任了助教工作，这使我得到了一个进一步提升工作能力的机会。2017年5月，在"上海市寻找最美班主任"活动中，我有幸进行了展示。这两年，处于事业上升期的我，自信心也达到了12年班主任生涯的最高值，对自己一直秉承的教育理念和教育方法也更加坚信。

这学期开学，学校安排我中途接班，担任四（2）班的班主任，并任教语文。我一如既往地沿用自己熟悉的建班方法——活动育人，通过设计和实施形式多样的班级活动，寓教于乐，让学生在活动中体验学习，在体验中得到成长。

但最近我发现，班级始终处于"活跃期"，学生非常活跃，无论是课堂学习还是班级活动，总是处于心理亢奋期，而且常常兴奋过度，学习纪律反而松散了很多。两分钟预备铃后，教室仍安静不下来，预习作业也出现了没完成的现象，怎么办？我想，这帮小家伙是该好好管一管了。

一个周二的上午，我的语文课照常是在第二节课。

预备铃声响起，我步履轻快地往教室走去，教室是在走廊的最后一间。往常这个时候，教室里必定会传出琅琅的古文诵读声，可今天却听不到。没等我走近，教室内已经传出来一阵阵喧闹声。我加快脚步，走到教室门口，看到之前领读的两名学生在讲台前小声地读着，一副无精打采的样子；下面学生中有说话的、有打闹的，还有人在写作业，一副全然不关我事的样子。我在门口站了一会，他们更是一副无所谓的神态。

回想起最近任课教师对我班的抱怨声一直不断——

英语老师说："最近课堂上总是有几个学生不认真听讲！"

数学老师说："最近学生作业的错误率太高，上课根本就没有心思听讲。"

音乐老师说："最近你班学生音乐课排队时总是吵吵闹闹，说了也不听，简直没法管。"

……

现在，看着他们的表现，我心里的怒火不可压制地往心头直蹿。

"你们在干吗？"我大声喝道，"看看你们最近的表现，预习作业不做，作业错误率高，预备铃响了还闹哄哄，是不是不想学习啊，不要以为你们是为我班主任学习的！""不想学的话，这节课自习！"我一边说着一边把书摔在讲台上。从来没有发过如此大脾气的我，这次终于爆发了。

学生一下子都被吓呆了，班级立刻恢复了安静。

就这样，一节课就在自习中度过了。

下课后，我回到办公室，坐在办公桌前委屈地哭了起来。

配班老师马上过来，关切地询问原因。

我带着哭腔数落着学生："班级里最近乱糟糟的，什么时候都是吵吵闹闹的。今天这个吵架，明天那个打架，没完没了……道理都对他们说了，怎么就听不进去呢？我觉得自己真是一个失败的班主任。"

那一天，我的情绪一直很低落，心里有说不出的苦闷：堂堂一个区十佳班主任，连十来岁的孩子都管不好，真是莫大的讽刺，太丢人了！同事们会怎么看我，我怎么对得起家长们的信任？越想，心里越不是滋味。

晚上回到家，情绪稍稍稳定了。细细想来，问题还是出在自己身上。自从获得了区"春晖十佳班主任"后，自己的知名度在区里提高了，压力也随之增大。本学期，我担任了区骨干班主任研修班助教，承担了一些公开课的教学任务。同时，我又参加了上海市家庭教育指导师的培训，一个星期有一天甚至两天不在学校。这样一来，每天有很多事情需要抓紧做，既要顾到教学工作，又要顾及培训学习，还得照顾好家中的老人和孩子，总觉得精力不够，心理压力也很大。因为精力有限，所以疏于班级的日常管理，才导致这段时间班级里出现比较乱的状况。责任明明是在自己身上，可我还要对学生发火，真是太不应该了，我心里开始自责起来。

接下来的几天里，这件事始终在我的心中挥之不去。我该怎么办呢？

双休日，我约了几个好朋友出来小聚。闲聊中，我一五一十地道出自己的烦恼和苦闷："我以为孩子们都很懂事……可他们让我好失望……我真的很生气……我控制不住自己的情绪……我实在很忙啊……"朋友听了我的倾诉，表示理解，并宽慰我说："爱玩、活泼好动是孩子的天性。身为教师，我们总希望自己的学生个个能懂事，所以时常会对他们提出高要求。殊不知，孩子毕竟是孩子，哪有不犯错的孩子。你爱面子，没错。但发火、不上课是解决不了问题的，只会在孩子的心里埋下恐惧、愤怒的种子，也似乎在告诉孩子，以后遇到问题也可以用老师的方式来解决。我们是成年人，更要学会控制情绪，千万不要在自己情绪低落时去责怪孩子，因为这样常常收不到好的教育效果。"

在经历了愤怒、自责、愧疚之后，我的心情逐渐归于平静。

一个下午，我接到了要参与"全国动感中队评选"的通知，时间紧，任务重，我赶紧联系家委会的家长们和班级学生干部，在周日晚上召开了紧急会议，布置了相关的任务。这一切得到了家长和孩子的大力支持，看着他们，我的内心释然了：原来孩子们是那么可爱，他们已经忘了我曾经对他们大动肝火；家长们是那么可敬，他们对我的工作是百分之百支持。面对这样的家长和孩子，唯有用心工作才不会愧对他们！我又像打了鸡血似的投入工作。

第二天，阳光明媚，我美美地拍了一张照片，在朋友圈里留言道：阳光灿烂，一扫阴霾，今天日程满满，继续前行！

看来，面对压力和焦虑，最好的灵丹妙药是对工作的热情，对教育的追求。

（上海市青浦区豫英小学郭娟供稿）

**解读**

案例中所呈现的问题表象，是班级里最近出现的纪律松懈、作业完成不好等情况，这些现象会令每个班主任"生气"。问题的实质是，班主任之所以用简单粗暴的方法处理问题，在于其本身承受着很大的心理压力，而这是已有的荣誉和"额外"的任务带来的。

其实，现实中的每个人都有压力，完全没有心理压力的生活空间是不存在的。总的来说，现代人的心理压力有社会、生活和职场竞争三个来源，这些压力每个人都有所体验。压力过大、过多，或不懂纾解，自然会损害身体健康。

案例中的班主任，头顶着"十佳"光环，知名度高了，周围同事、学生家长的眼光也就不一样了，这是一种无形的心理压力。为此，班主任容不得自己所带班级有一丁点儿差错。而繁重的工作任务和学生不尽如人意的表现，更是雪上加霜，给班主任增加了心理压力。只是在压力爆发后，班主任没有背上沉重的心理包袱，而是通过自我反省，以及好友的点拨，认识到了自己的不足。于是，压力感受得到倾诉，不良情绪得到宣泄。最后，调整心态，实现精神超越。

正确认识压力，有效管理压力，从而减轻和缓解压力，使自己心情愉悦地工作，健康快乐地生活，这是每个班主任的一门必修课。

### 案例2：直面班主任心理压力的"严寒"

作为一个班主任兼二胎妈妈，我今天遭遇到了"家校两难"的囧事：两个孩子都生病，班级里出现突发事件。

我在帮两个孩子拿好药并把他们送回家的同时，通过电话了解了班级这起偶发事件的详细情况。原来，打架的起因是一个击掌游戏。小沈说，击掌时他突发奇想，轻轻地拍了一下小潘的脸。而小潘却说，这"轻轻"一拍让他的脸颊疼得发麻。于是，课间一场类似于拳王争霸赛的激烈场面在喧闹的走廊里"血腥"上演了。观众在不断评论谁占了上风，小干部一部分劝架，一部分蜂拥而至打电话让我回来处理此事。我到了办公室，看着满怀委屈的两人，气不打一处来。被焦虑、烦躁、气愤情绪夹杂着的我，狠狠地将他们批评了一顿。

下班后，拖着疲惫的身子回到家。妈妈和婆婆问起今天工作如何，我实在控制不住自己的情绪，哭诉了一阵。事后，妈妈找我长谈了一次，她说：教育是修行之路，要有慈悲之心，要拿出全部心思点亮孩子心中那盏灯；压力都是有的，自己首先要放下焦虑，如何减压才是本事！

这就是一个普通班主任的日常生活，我每天"拿着教育的旧船票，重复昨天的故事"。让我焦虑的不只是"一百个学生就有一百种个体学习要求"，还有"几十个家长就要有几十种不同的沟通模式"，更有每天要忙于应付的各种会议。不得不承认，现在我的精神重负"压力山大"。那么，我该怎么去应对？在妈妈的多次开导下，我思前想后，觉得自己必须振作精神，直面心理压力"严寒"，主动出击！

首先，加强业务学习，清晰工作思路。

为了提高对班级学生问题发生的预见性，掌握一些常用的工作方法和策略，我读了《班主任应急手册》这本书，将书中所述学生出走、意外伤害、校园暴力等突发事件的类型、针对性策略和方法等内容熟记于心。当然，能说出来是不够的，还需要有自己的分析，有自己的建班育人理念和观点。于是，我每天比以往早起一小时，阅读《做班主任工作的 55 个"鬼点子"》《班级管理 60 问》等书籍。读书就是与书中的大师对话，它让我的思想认识得以提升，让我的心灵得以沉静，让我对班主任工作重燃热情。渐渐地，我的教育思路清晰起来，浮躁的心也安静了许多。

其次，合理安排时间，做到忙中不乱。

当一名班主任，并担任一门学科教学任务，工作繁重显而易见。因而，合理安排时间，做到忙中不乱，是我改进工作的第二步策略。于是，"每日工作项目卡"应运而生。

零时巧用。利用课间 10 分钟时间，整理作业本、办公桌等琐碎事宜。

午休实用。利用午休找学生谈心，及时把握学生思想动态。

笔耕不辍。每天晚上，回顾反思一天工作经过，写班主任工作随笔。

抓紧双休日。提前安排好孩子的户外放松活动和兴趣学习，在陪同他们参加兴趣班学习的时间里，研究编纂自己感兴趣的"24 节气德育活动课程"。

至于每次考试后的资料整理，也在日常工作之中，坚持边做边归档，将有时效要求的工作先完成。

"每日工作项目卡"的尝试，让我不仅兼顾了班级管理和学科教学，班主任工作做起来能有条不紊，而且更使自己内心不再浮躁。

最后，调适不良情绪，学会合理宣泄。

不良情绪如果积压过多，得不到适时宣泄，就易造成身心紧张，这样的紧张时间持续过长，还可能造成身心疾病。因此，要选择合理的时间和方法来适度调适自身的不良情绪。

面对压力，我和大多数教师一样，最先想到的办法就是找闺蜜"吐槽"，一吐心中的委屈和不快。在这种情感交流中，自己的不良情绪不仅得以缓解，而且通过闺蜜们的支招，我也在他人身上实现了取长补短。再者，微信朋友圈不可少。在做"24节气德育活动课程"时，我把孩子们的喜悦笑脸、丰富精美的作品发到朋友圈，还当即写下内心涌动。这不仅是压力宣泄的高级方法，更满足了自己的"发表瘾"。随后，同辈们纷纷点赞，家长们鼓励留言，都是对我班主任工作的肯定。沉浸在大家的花式留言中，原来的心理压力已经变成鲜榨"梨汁"，得以排毒解渴。

作为一个工作了15年的班主任，我觉得对于工作压力，可以分为"情绪焦点"与"问题解决"两个方面。也就是说，班主任先要学会保持良好情绪，然后将关注重点归于问题本身，变被动情绪为主动积极的行为解决，通过具体问题具体分析，提出解决问题的针对性方案即可。作为二胎妈妈，我纾解压力的思路是：回归家庭，在陪同孩子学习的过程中，拿出一本书，边慢慢品读，边体味身旁亲情给予的力量。这也许是纾解压力的一帖良方，至少对我来说是。

（上海市青浦区逸夫小学于淼供稿）

**解读**

现实生活中的班主任，既扮演教师的角色，又是一个家庭的重要成员，其身上的压力可想而知。面对工作任务和急剧变化的现实，班主任的心理压力几乎超出他们所能承受的范围，从而有可能产生一系列的心理健康问题。

案例中，面对孩子生病和班级偶发事件，班主任也被不良情绪困扰着。好在家庭给了她理解与支持，帮助她缓解了心理压力，不但不良情绪得到释放，还体验到了本应在工作中体验到的满足感，进而迎接新的挑战。

面对压力，人都有两种选择，要么积极应对，要么消极逃避。逃避也是一种策略，可以暂时缓解压力，但没能从根本上解决潜在的心理障碍。案例中总结的"清晰工作思路、合理安排时间、学会宣泄不良情绪"三种应对策略，及时有效地对心理压力进行了调适和干预。这种积极应对态度，至少能把压力缩减到可以控制的水平。

## 案例 3：班主任也需要"慢"生活

网上曾经有这样一个段子，用来调侃当下的班主任："上得了课堂，跑得了操场。批得了作业，写得了文章。开得好班会，访得了家长。劝得了情种，管得住上网。解得了忧伤，破得了迷惘。hold（掌控）得住多动，控得住轻狂。受得了奇葩，护得住低智商。查得了案件，打得过嚣张……"话说得有点夸张，但确实反映了班主任的生活现实。无论社会、学校还是家长，都给了班主任不小的压力，就怕你感受不到。

2017 年 9 月，我从一所乡镇学校——朱家角小学，调入了青浦城区学校——御澜湾学校。这是一所创办才三年的新学校，各方面的工作正处于起步阶段，学校将来的荣誉和口碑都需要我们一步一步地去建立。学生家长的文化层次都很高，他们对孩子的希望和对教师的要求，无疑要比乡镇学校高得多。因为自己在 2017 年被评为青浦区十佳班主任，所以我刚进学校就备受关注。从学校领导和家长的言行中，我都感受到了他们对我的信任和期待，这又让我倍感压力。

兴许是自我期望很高，刚开学的几天，我总是因班级纪律不尽如人意，或者个别学生总是闯祸而焦虑，工作效率也迅速下降。每天早晨，我强打精神去上班，对班级里学生发生的事渐渐失去耐心，不是大发脾气就是视而不见。我意识到，自己这样的心理状态对管理班级和教育学生都非常不利。于是，我强迫自己静下心来，通过放慢生活节奏，调节心理压力。

首先，我选择读书，因为阅读能让人心境平和。我会拿起枕边的书，通过与哲人对话，阅读其中的智慧，进行思想的碰撞。当然，我读的不仅是教育类书籍，也不仅仅是将其抄成读书笔记或写成读后感。有时候，我也看休闲类的书，一个笑话或一则幽默故事，都足以让我的心情变得轻松愉快。

其次，我会听音乐。或者是浪漫抒情的钢琴曲，感受着一个个音符，仿佛看到了弹奏者指尖划出的一片惬意的天空；或者是哀伤、寂寞的小夜曲，或者是充满甜蜜、喜悦，浪漫极致的民乐合奏。没有教学的繁杂，没有工作的疲惫，音乐似水，我荡漾其中。喧嚣的城镇也开始安静，与我一起寂寞，默契地感受着一种浓郁芬芳的升华与密集的沉淀。

此外，我会静静地享受与家人一同用餐的时光，边吃边聊家常；陪着孩子一起蹲在地上看蚂蚁是怎样穿过一座小沙堆的；陪着全家边看一部电视，边说一些永远说不完的课堂上的笑话。有时，一次远行，几声高唱，山水也与我一起惬意。或者在周末，整天上网，发几个帖子，转几个段子，累了，洗把脸，再睡觉，如此等等。

我们从事的虽然是太阳底下最崇高的职业，但这并不是说要让自己"热"得喘不过气来。压力过大、过强，会影响教师的工作状态和工作质量，也必然会影响学生的成长发展。同时，又会影响到教师本人的身心健康和生活质量。积劳成疾下的敬业，能有多少效益可以留给嗷嗷待哺的孩子？

所以，病了，我就会休息；累了，我应该放松。听，休憩之后的奔流，更有力量；调整之后的步伐，更为坚实。懂得进退的人生，才有真正的意义；深谙动静之理的工作，才能体现最高的效率。

（青浦区御澜湾学校沈程供稿）

## 解读

面对新环境带来的工作压力，案例中的班主任善于自我调整。在自我控制方面，班主任还要注意：

第一，不要在自己情绪很糟时急于教育学生，因为此时很容易将这种情绪发泄到学生身上。在教育中，要努力营造快乐、鼓励的气氛，让学生有实现感和成就感。

第二，愉快地接纳自己，包括自己的优点、长处，也包括一时难以避免的缺点、短处，保持健康的心境，不可自怨自艾。只有这样，才能更好地集中精力投入工作。

第三，加强自我修养，不断地完善自我。无论在什么情况下，班主任都应胸怀博大，这样就有可能出现"车到山前必有路""柳暗花明又一村"的境地。

此外，一些优秀班主任的经验值得借鉴：

一是善于自我暗示，调整心理状态。自我暗示就是自己在内心提醒自己，如我很镇定的；看，我的呼吸多么平衡、头脑多么清楚。早晨起来，可以对着镜子大声喊：我是最棒的，我是最好的！走进教室前，心里默默地说：我是最棒的教师，我是最有耐心的教师。当压力很大时，可默念"放松、放松、放松"。当心情烦躁时，可默念"平静、平静、平静"。当忙不过来有点想放弃时，则默想"我行，我行，我行"。这类反复自我暗示，有助于缓解压力。

二是学习心理健康知识，提高自身素质，学会自我保健和调节，不把不良情绪带进教室。

三是培养宽容精神，遇事不要斤斤计较；不断完善自己的个性品质，形成高尚的人格力量，并以此去影响学生。

四是爱岗敬业，增强角色意识，以苦为乐，甘于寂寞；严于律己，学会与人合作，搞好人际关系，这样才有利于教学水平的长进，有益于身心健康。

## 5. 实践检验——质变

> 纾解、排除心理压力，班主任既需要有上位的理念指导引领，也需要有下位的办法实施操作。这些理念、方法的实际有效性，就得依靠实践的积累，由量变引起"质变"，使班主任得到自己最期待的个人空间和时间，给心灵放个假。

撰写一则面对班主任工作中的困惑自我纾解心理压力的案例。

## 6. 学材链接——促变

> 纾解心理压力，对班主任自身来说，一切的应对得从"变"开始；对于关注者来说，一切的帮助是为了"促变"。在理论的寻觅中，发现援助的真谛；从心灵深处，呵护教师的精神生活，让班主任的"苦"从此变成甜。

［1］赵国忠．班主任最需要的心理学［M］．南京：南京大学出版社，2009.

［2］耿书丽．班主任心理素养修炼［M］．长春：东北师范大学出版社，2010.

［3］杨春茂．教师心理健康教育培训教材——师德修养与教师心理健康［M］．北京：首都师范大学出版社，2014.

［4］刘儒德．班主任工作中的心理效应［M］．北京：中国轻工业出版社，2012.

［5］方方．教师心理健康研究［M］．北京：人民教育出版社，2003.

［6］赵国忠．班主任最需要的心理学［M］．南京：南京大学出版社，2009.

［7］方圆，李建龙．送给老师的心灵鸡汤（缓解教师的心理压力）［M］．青岛：青岛出版社，2010.

［8］瑞博．中小学教师职业压力与应对策略［J］．中小学心理健康教育，2002（10）.

［9］董岩芳．班主任角色职责压力与应对策略浅析［J］．广西右江民族师专学报，2005（6）.

［10］袁玲俊．中小学教师心理健康与专业发展［J］．宁波教育学院学报，2006（6）.

［11］张涛．中小学班主任心理健康的维护［J］．扬州教育学院学报，2004（4）.

［12］仲敏．班主任心理支持系统的建构［J］．教育科学研究，2017（10）.

［13］殷永松．浅谈班主任工作中的心理健康教育［J］．黄石教育学院学报，2005（4）.

［14］罗丽萍．班主任心理压力原因分析及应对策略［J］．医学与社会，2006（2）.

［15］凌蓓蓓．基于积极心理学视角的中学班主任心理健康教育理念和实施策略研究．［J］小作家选刊，2017（8）.

［16］黄正平．班主任工作职责"无边界"与精力有限发生矛盾，怎么办［J］．班主任，2016（6）.

# 问题 9　班主任未来的发展方向在哪里

## ——"得"其所哉

**【导语】**

"班主任如何当,班级工作如何开展?"这些问题虽是新班主任的困惑,但很多老班主任也常常为其所困,甚至更为迷茫。别人眼里的"老法师",却往往跟不上时代步伐,用"老经验"应对新问题,碰壁在所难免。如何突破专业成长的瓶颈,未来的发展方向在哪里?这已经是当下班主任群体最迫切需要解决的问题。我们应该沉静下来,重新审视自身,摆脱一颗"经验为上"的心,重拾一颗专业精进的心,走上研究型班主任的成长之路,让自己的工作迈上新的台阶,在未来的专业领域得其所哉——找到属于自己的舞台。

## 1. 现象审视——悟得

面对教育与教学两副担子,面对班级管理中不断涌现出的新问题,以及社会、家长的质疑甚至责问,班主任要能沉下心,认真分析问题根源,由此启动问题解决的思路,在实践体验中"悟得"专业发展的幸福感。

当了多年班主任,却愈加迷茫

一位当了9年班主任的高中教师,在一次交谈中曾经用上面这个题目描述了自己的感受。

"这两年，是我最累的两年，尤其是新高考开始后，很多工作不知道如何做，不知道自己的带班方式对不对，总觉得力不从心。"

"似乎都在做一些重复性的劳动，很迷茫，想要寻求突破，却无从下手。"

一份调研报告指出，班主任队伍中，带班 10 年左右的占大多数，目前这个群体中的不少人都进入了班主任工作的"懈怠期"，对自己未来的发展方向很迷茫。他们感觉现在特别忙，可忙得没头脑，能静下心来学习、研究的时间实在太少。因此，个人在研究论文、课堂教学评比中成果甚少，也没有了成就感，更谈不上当班主任的幸福感。

还有一部分班主任表示，当班主任的时间久了，从教之初的豪情壮志逐渐消失，桃李满天下的希冀业已淡漠，安于现状、平淡无为的想法多了；原先觉得可爱的学生似乎变得令人生厌，甚至不想当班主任了。

在许多教师眼中，班主任工作是忙、累、烦的代名词，缺少自由，毫无乐趣。每天都是跟跑操、搞卫生、填表格、看纪律、查晚睡……围着学生团团转，以至于把这个本来以做思想工作、精神关怀为主要任务的岗位，变成了应付没完没了的事务、靠体力打拼的舞台。

可这些班主任的悲哀也正产生于此，因为他们在做工作之前很少想一想：这项工作的重点是什么，困难在哪里，怎么做才更好？只是领导布置什么做什么，上级检查什么抓什么。这种被动的"忙"、机械的"忙"使自己茫茫然、昏昏然，身体疲惫，思维困顿，心灵麻木，目标消失。

于是，就出现了一种奇怪的现象，许多班主任刚过 40 岁，或者刚评上高级职称，就开始盼望着退休。应该说，40 岁的人正年富力强，他们有干劲、有经验、有魄力、有思路，处于人生的鼎盛时期，可有的班主任却盲目、消极。从表面看，这种悲哀也许是性格上的弱点，实质上还是思维的缺陷。原因是他们在感到身心疲惫之后，对工作只想去"管"，只会去"管"，做一个整天忙忙碌碌的体力劳动者，而很少享受到作为一个思考者的乐趣，更谈不上"悟得"专业发展的幸福感。

## 2. 问题诊断——偶得

> 时代在发展，新问题的出现，是偶然也是必然。班主任专业成长中的问题，关乎学校的教育工作，更与班级管理、学生发展有关。关注并审视这些问题，从种种"偶然"中寻得其"必然"之原因，或能为班主任专业成长清除障碍。

### 班主任专业成长的影响因素①

班主任作为学校中全面负责学生班级工作的教师，是学校重要的教育力量，其专业成长直接影响学校的教学质量。对中小学校班主任的专业发展调查发现，当前班主任的专业成长面临许多问题，制约着班级建设和学校德育工作质量的提升。这里从生命价值观的视角，对中小学班主任专业成长面临的问题进行分析。

**（1）班主任自身专业成长观念淡薄**

第一，误以为班主任只要有爱心、责任心，就可以做好工作。

社会对班主任的要求是有爱心、有责任心。许多家长都喜欢挑选对学生"管得严"的班主任，以至于班主任慢慢失去其工作的重要特性——创造性的认识。其实，爱心、责任心和大量精力的投入是做好班主任工作的前提，而班主任的智慧是高质量地做好班主任工作的关键，班主任工作的智慧在于行之有效、灵活多变、富有创造性。由于认识上的偏差，许多班主任不思变革，安于陈旧的工作方法，长期从事低级的、重复性的工作，忽视教育智慧和创造性，在专业发展上则无视教育智慧的修炼及创造性品质的提升。

---

① 参见吕红玲：《影响中小学班主任专业成长的几个问题与对策思考》，《文教资料》2013 年第 18 期。

第二，误以为班主任工作是"燃烧自己，照亮学生"。

依据传统的观念，教师是"蜡烛"，燃烧自己，照亮学生是他们的天职。在这种理念的支配下，班主任只需要对学生付出再付出，而不可能考虑其自身需要得到专业成长，实现生命价值。今天，我们应该换一种方式进行思考，"蜡烛"燃烧的过程就是"蜡烛"实现自身价值的过程。班主任是在燃烧自己的过程中实现自己的人生价值的。理论上已经开始思考班主任工作对班主任自身发展的价值，但在实际工作中，真正重视并思考班主任工作的个体发展价值的还很少。

**（2）班主任专业成长缺乏人文关怀**

第一，班主任工作的"主业"地位没有确立。

2004 年颁布的《中共中央国务院关于进一步加强和改进未成年人思想道德建设的若干意见》提出了一个激动人心的命题：班主任要变"副业"为"主业"。可时至今日，班主任工作的"副业"地位基本上没有改变，不能纳入工作体系便是见证。在绩效工资实施后，增加了班主任津贴，但仍然无法改变其副业的地位。因为班主任是兼职，语、数等学科才是主业，学术评优、晋级都得靠学科，所以班主任自然把学科作为自己专业成长的方向，而对班主任这一副业则无暇顾及。

第二，班主任工作的专业性不明确，缺乏专业引领。

在学校领导的眼里，班主任工作任何人都能做，所以刚招聘进校的新教师成了大家都不愿做的班主任。

学校没有意识到班主任在不同时期有着不同的需求，对班主任的管理，仅仅通过布置工作的结果评定其工作成绩和能力，手段单一，方式简单，这样的评价只能反映班主任完成任务的数量，而不能反映班主任的工作质量，更不能对班主任工作的操作性、科学性、艺术性作出合理的分析，严重影响到班主任特别是优秀班主任的工作积极性和创造性。此外，面对庞大的班主任队伍，各区县的班主任德育教研员无法深入一线去帮助班主任解决专业上的问题，学校层面也没有很好的校本培训机制。对班主任来说，这就缺少了专业成长的助推器。

## 3. 理论导引——学得

班主任的专业成长，路途漫漫。走上了这条路，理论学习是必不可少的。理论指导实践，用实践验证理论，由此"学得"自身成长之所需，是班主任不能不去做的。

### 班主任工作理论

**（1）班级授课制创设时期的班主任工作理论**

世界各国的学校教育，普遍采用班级授课制，但并非都设置班主任，只有苏联、中国等少数国家的学校设有班主任一职。

作为班级授课制的奠基人，17世纪捷克教育家夸美纽斯在《大教学论》中第一次论述了班级学生教育与管理工作理论，为班主任工作理论建设奠基了基础。

在班级教育与管理方法上，他提出：尽早开始正面教育；从行动中养成道德行为习惯；教师不仅在表面上，而且在事实上是他要学生养成的各种美德的活生生的楷模；择友的教诲和规则。

在德行方面，他要求学生尊敬教师和协助教师管理学生，与同学友好相处，保持身体和衣着的整洁，行为符合礼节，与人交谈时要谦让。

**（2）苏联时期的班主任工作理论**

19世纪末20世纪初，随着自然科学迅速发展，崇尚科学成为时代主旋律。在科学思潮影响下，教育理论也逐步科学化。这一时期，班主任工作也逐步向科学化方向发展。

①马卡连柯教育理论中的班级管理与教育思想。

马卡连柯的集体教育理论对班主任实践和理论影响深远。他认为，集体教育乃至学习的全部教育，都是以学生集体特别是基层的班集体，作为唯一和主要的对象。没有健全的班集体，教育目的是难以实现的。班集体应具备五个条件：要有共同的奋斗目标；应有组织性、纪律性；应具有一定的组织制度和管理机构；应有正确的集体舆论；有健全的教师集体。班集体建设是班主任工作的重点和中心，也是班主任工作的主要任务。

马卡连柯认为，建立健全良好的班集体需要经历三个阶段。第一阶段，班集体形成之初，由班主任向全班提出不许反对的要求；第二阶段，班主任周围形成积极分子队伍并形成班级核心；第三阶段，学生个人在遵循班集体要求的前提下，自觉地对自己提出要求。班集体的建立、巩固和发展，首先有赖于纪律的形成、加强和提高；其次，儿童一入学就对他提出不容置辩的要求，建立集体生活制度，并注意检查学生遵守纪律的情况；最后，在纪律教育中必须适当地使用奖励和惩罚。此外，教师要作出表率。班集体建立后，还必须使集体不断向前发展。由此，他提出了"前景教育"的原则，即班主任在教育过程中要经常给学生指出美好的发展前景，这些前景是集体成员通过努力一定可以实现的目标。它有大小远近之分。目标不能固定不变，要随着集体的发展而不断加以改进和提高。班主任应该使班集体的目标一个接着一个，不断前进，不断发展。

②苏霍姆林斯基教育理论中的班级教育与管理思想。

苏霍姆林斯基教育思想的核心是个性全面和谐发展，他认为以德育为主导的和谐教育可以为每个学生打开通往全面和谐发展的道路。

第一，深爱学生，深入学生，了解学生。

真正的教育者一定要和儿童有共同的兴趣、爱好和意愿，要通向孩子的心灵。班主任在教育过程中，不仅仅是教导者，同时也是孩子的朋友，因为在任何一种教育现象或措施中，孩子越少感觉到教育者的意图，其教育效果就越大。

第二，给学生留出自由活动的时间。

他认为，拥有可以自由支配的时间，是个性发展的一个重要条件；孩子的素质和天资只有当他们每天都有时间从事自己选择的喜爱的劳动时，才能得到发挥；给学生提供空余时间就是创造宝贵的财富；真正的教育在于使每个儿童都有一种丰富而充实的精神生活，使他们得到智力、健康、思维、情感、兴趣、劳动能力的全面和谐发展。他主张，改变传统的儿童生活和学习制度，将儿童从单一而繁重的课业负担中解放出来，给他们自由主动活动的时间。

第三，发挥学校客体对学生的教育作用。

他在学校教育中极为重视让一切客体都能发挥对学生主体的教育作用，使学校一切物质环境、器物、设施都能给儿童能动、有益的影响，用以培养他们的观点、信念和良好习惯。他在总结这种实践时有一句名言："我们在努力做到，使学校的墙壁也说话。"这生动形象地体现了他动员"物"的教育力量形成儿童精神面貌的创造性经验。

第四，重视通过集体教育培养学生的思想道德品质。

他认为，青少年对集体生活有一种日益向往的感情，他们在集体中开展精神交流，在同伴中寻求思想观点、信仰、智力兴趣和道德行为上的一致。对教师来说，集体是对青少年精神生活进行指导的最重要的手段。集体能充分发挥每个学生在个性、积极性和道德上的相互影响。

第五，重视将学生的道德概念转化成道德信念。

他认为，个人道德信念是说明一个人的精神面貌及其品行中思想和行为一致、言论和行动一致的主要标志。它超越了对道德概念的知识性理解，升华成内心生活的组成部分，并用以指导自己的行动。道德信念包含个人的能动力量，能使人明辨是非，坚持真理，并为之付出实际行动，甚至付出一定的牺牲。

第六，整合校内外教育力量，保持教育和谐一致。

他强调，不能将教育过程仅仅局限于学校大门之内，要让儿童生活的全过程都处于合理的教育、教养之中。

第七，实行五育并举的整体教育。

他从全面和谐发展的教育目的出发，要求注意德育、智育、体育、美育、劳动教育之间的关系，发挥各种教育活动的综合作用。他强调"和谐全面发展的核心是高尚的道德"，德育在全面和谐的教育中应占主导地位，学校任何工作都应包含道德教育意义，各种教育的实施都应贯彻德育性这一主导原则，发挥德育的作用。

**（3）我国班主任工作理论**

①我国班主任工作理论的发展。

第一，班主任理论借鉴期（1952—1978年）。

我国班主任工作理论深受苏联教育理论的影响，早期的班主任工作理论主要是翻译、借鉴和移植苏联班主任工作理论，如凯洛夫《教育学》中关于班主任的章节。1956年人民教育出版社出版了恩·伊·包德列夫所编的《班主任》；1982年又出版了苏联教育部于1979年编写的《中小学班主任手册》中译本。这些理论对我国班主任工作实践与理论的发展影响至深，其中一些理论现在仍然是我国班主任工作理论体系中不可缺少的重要内核。

第二，班主任理论的独创期（1978年至今）。

改革开放以来，广大教育实践者和理论研究者，在总结已有班主任工作经验和教训的基础上，批判继承传统文化中的德育精华，并从世界范围内特别是当代欧美国家德育理论研究成果中吸收有用的营养，开始形成、发展并逐步完善符合我国国情的、有中国特色的、独立的班主任工作理论体系。

②我国班主任理论的研究成果。

第一，理论派的研究成果。

理论派的研究主要从教育学原理、人的发展理论、德育工作原理、心理学原理和管理学原理出发，对班主任工作的理论基础和班主任工作的基本原理进行研究。代表人物有鲁洁、班华等，代表性成果以"21世纪班主任文库"中的系列著作最为典型。

理论派研究成果中，应特别关注几点：一是华东师范大学叶澜教授关于班主任工作应该更多地关注学生的生命成长的观点；二是南京师范大学班华教授关于班主任工作应更多地关注学生发展的观点；三是近几年来人们普遍比较关注的班主任专业化成长也就是班主任持续发展的问题。

第二，实务派的研究成果。

他们关注的焦点在于班主任工作的操作技能层面，通过研究建立一些班主任工作的基本范式和模型，找到整体提高班主任工作效能的突破口。其走向为：

班主任工作常规管理。以班级常规管理为研究重点，旨在建立班主任工作基本规范和技巧，较有代表性的是张万祥编写的《破解班主任难题》、田恒平主编的《教师百事通丛书》等。

班主任工作技能技巧。较有代表性的有欧阳炳焕等主编的《班主任锦囊妙计》、万玮的《班主任兵法》等。

第三，原生态纪实派的研究成果。

当今我国班主任工作研究领域最为活跃的是原生态纪实派的研究，他们大多从事一线班主任工作实践，以自己所带班级为研究阵地，以个性化的班级管理为指导，以纪实性的经验总结为成果，出版了大量研究成果，主要发表在《班主任之友》《班主任》《中国德育》《辅导员》等报纸杂志上，也有大量专著面世。典型代表有魏书生、李镇西、丁榕、张万祥、任小艾等，他们大多是班主任，多以工作日记、手记、杂感、案例等形式写作。在践行自身工作理念的同时，著书立说、游说讲学，对推动班主任工作理论的发展起了重要的作用。

③班主任工作未来走向的两种观点。

一是班主任岗位没有存在的必要。理由是现在许多国家，尤其是我们热衷效仿的西方发达国家都没有设班主任一职，因此我国也没有必要设置班主任，"取消班主任"的说法甚至见诸报端。

二是班主任岗位有存在的必要。理由是有人群的地方就需要管理，更何况是青少年学生。对学生的教育和管理尤其是思想道德教育是学生成长、成人过程中不可或缺的外在影响力。可以断言，班主任这个名称也许有一天会变，但教师承担的学生管理和教育工作职责不会变。

## 4. 案例研读——得法

> 班主任工作的优秀案例，留下的是先行者的成功足迹。循着他们的脚步，踏着他们的脚印，一路前行着、解读着，以期从中不断地"得法"——想法、做法之精髓，这无疑有助于教师更好地走上研究型班主任之路。

## 案例 1：成长，在点点滴滴中

从班主任专业发展角度看，其成长过程可分为新手、高级新手、胜任、熟练和专家等阶段。我做班主任的经历，一是"人在囧途"，二是"奋斗"。

## 人在囧途

第一，学习他人经验。

工作之初，我经历过很多囧事。因课没上好，在办公室哭；因学生调皮，被气得大发雷霆；因不注意保护嗓子，一星期不能说话。第一次上品德与社会公开课，没试教，结果漏了环节。

想到初为人师时，仿佛又看到一个小老师在讲台前的各种慌乱。课堂上，学生一如夏日蝉鸣的说话声此起彼伏，我要用书本、黑板擦等一切可用之物敲讲台，才能让学生重视我的存在。班级管理也是一锅粥，卫生与行为规范流动红旗始终不愿在我班安家落户。每天有做不完的事，更头疼的是那几个调皮孩子，隔三差五惹事。我没想到做班主任会这么累，可同组室的班主任，他们的班级那么井然有序。严峻的现实告诉我：班级靠我一人单枪匹马管理，太势单力薄了；而一味管、卡、压，违背教育规律和学生身心发展规律。

于是，每次外出听课、培训，我都认真参加；师傅的班级我也常去。班里有什么问题，我不再藏着、掖着，主动请教身边老师，用心记录学生表现，经常思考怎样做才好，并慢慢地能控制自己的情绪了。

第二，管理时间，提高效率。

做班主任，总感觉忙碌，这是当年囧事多发的一个原因，所以要学会管理自己的时间，提高工作效率。每周，我把一周要参加的活动及其时间、地点、需做的事写在便利贴上，贴在电脑主机上，提醒自己，并按轻重缓急做好平常工作：重要的急事马上做，不急的要事抽时间早做，不重要的急事集中做或顺手做，不重要也不急的事有时间多做，没时间就不做。

这一磨炼过程，若能用心学习，经常自我反思，就能加速成长。

# 奋 斗

教师的成长，前5年是关键，对职业有长远规划，让自己有明确的发展目标。我在成长中很幸运地得到许多名师指导，也有多次锻炼机会，这些都成了我的宝贵财富。

第一，参加培训，学习专业技能。

工作至今，我参加的班主任培训，一年以上的有5次。参加培训很辛苦，特别是存在工学矛盾，但每次培训都给自己带来很大变化。

一次骨干班主任研修班，导师让我讲述家教指导故事"关心，让外来孩子的家长更温暖"。为帮我找到有效指导方法，导师请研修班成员解剖这个案例。有的建议我去了解孩子的母亲，有的建议我咨询心理教师。大家的话让我茅塞顿开，可以开一次家长会解决这一问题。这一想法得到同伴们的肯定，几位班主任还向我传授经验。

这次讨论让我获益匪浅，我也明白了导师的良苦用心。细细回味同伴们的话，我开始反思以往家教指导的问题：一是指导面狭窄，只关注孩子的父亲；二是指导方式单一，只是家访。

这个案例经过七八次修改，后来参加了区里的家教指导故事会。经过这样的磨砺，我深感有导师与团队的智慧相伴，自己真的很幸福。

第二，多上公开课，塑造自己。

蒙台梭利有句名言："我听过了，我就忘了；我看见了，我就记得了；我做过了，我就理解了。"班主任要提升自己的能力，上公开课是一个很好的锻炼机会。每次磨课虽很辛苦，但历练过程想来都是美好的回忆。

工作第一年，我参加了区民族精神教育主题队会评比。赛前的培训对我来说是一场"及时雨"，如何确定主题、活动形式，如何选择素材，让我渐渐有了眉目。

考虑到全班学生来自五湖四海，又刚进校园，同学相处问题较多，那次我设计的主题是"我们是一家人"。课堂上，学生的表现给了我很多惊喜。主持人大方自如，学生发言精彩，展现出闪光的一面，也让我意识到他们的潜能。队会课后，同学间闹矛盾的少了，向我打小报告的也逐渐消失了。我感觉到活动育人的价值，活动准备的整个过程就是学生接受教育的过程，既有教师自上而下的教育，又有学生的自我教育和相互教育。

备课过程中，班主任要考虑各方面的问题：内容、任务、时间、步骤、节奏、教态、板书、课件、教具、仪表等。有思考就会发现问题，解决问题就会有感悟、有收获。

第三，撰写随笔，反思行动。

做班主任，要勤于写教育随笔，但每天坚持写，说起来容易做起来难。工作一年后，我开始记录平时所思所想。工作日记中，有班级管理的新尝试，有转化特殊学生的反思，也有如何提高个人专业素养的心得等。一天、一月、一年，学生的点滴进步，工作的得失成绩，班里的琐碎事情，都记在我的日记中。慢慢地，我感觉自己变了：一是对学生行为的敏感度在提高，会去研究学生；二是解决问题的能力在提升，遇到问题可以翻翻记录，寻找根源；三是储备的小故事到写论文、写案例时，可以作为参考资料。

导师曾说，班主任的专业写作是最好的反思途径。在写随笔的基础上，我申报的课题也立项了。

第四，创新活动，做出特色。

班主任的一项重要任务是带好班级。马卡连柯说，即使是最好的儿童，如果生活在组织不好的集体里，也会很快变成一群小野兽。班集体建设包括很多方面，也有很多好方法，我在班里创设了"小组长轮流制"，先是学生自荐，如没有自荐，就个人推荐，一个月换一次。月底对组长"绩效"进行民意测验，并予以相应奖励。这样可以调动每个学生的积极性，也督促了一些学习习惯较差的学生。好习惯的保持，至少要22天，一个月的组长任期正好锻炼了他们。曾经有个孩子，从一年级到四年级都没有担任过组长，五年级时他自荐做组长，那一个月他上学比以前积极，连其父母都感觉到了。此后，他不仅学习成绩提高了，而且与同学友好相处，脾气也变好了。

此外，班级活动要有创意，并适合班级学生的性格特点。活动可以一月一次，也可以创设一个系列性活动。如在每个月的"班本节日"组织一次比赛，这些年我们坚持下来的活动有：增强规则意识的"下棋乐陶陶"，分享成长幸福的"今天我生日"，传递师生情谊的书信送达，组建小小旅游团的聆听快乐音符。

古人曰："感人心者，莫先乎情。"教师的挚爱投射到学生的心灵，会唤起学生的情感，让他们对教师产生亲近感、信任感，进而把对教师的爱迁移到他所教的学科上，转移到班级活动上。学生这样做，班主任是幸福的。

（上海市青浦区朱家角小学张婷供稿）

## 解读

张老师的成长过程丰富多彩，有血有肉。一如众多年轻班主任，"人在囧途"这个阶段是每个新教师的必经之路。但这一过程又是宝贵的，从失败经历中找寻成功方法，并锲而不舍地尝试。正是在这样的探索中，教师发现课堂不应过多追求花里胡哨的形式，而应该讲究每一种活动的实效性；学会在课堂上如何关注学生，倾听他们的回答，而不是只想到完成自己的教学任务；懂得学生的心理需求，明白他们对表扬与鼓励的渴望。

张老师的难得之处，在于对班主任工作有一份独特的追求。她的成长经历表明，做一名优秀的班主任，需要有工作热情，有科学方法。教育是一个循环往复、不断探索的过程，教育成功的内涵就是执着。教书育人，改变孩子，没有什么捷径可走。把一件简单的事做好，就是不简单；把一件好事坚持做下去，就一定有收获。张老师正是这样践行的。

### 案例 2：我与学生共成长

班级工作是一个师生互动成长的过程，班主任教育思想和能力的提高，会加快学生的成长与进步；而在成就学生的同时，班主任也会得到深层次的发展，这是我在这几年"新基础教育"班级建设中所体悟到的。

### 从"保姆式"管理到自主管理

10 年前，虽然也有班主任已意识到让学生自主发展的重要性，但班级管理的普遍状态还是以教师为中心。有的班主任和蔼可亲，每一件事都亲历亲为，担当"保姆"角色；有的班主任则像"监工"一般管教学生，生怕他们有一丁点儿出格。

那时我认为，班主任的职责是管好自己的班级，既当保姆又当监工，还要当救火队员。我从早上7点前匆匆赶到学校起，眼睛一直盯着学生，一起早读、做操，连午饭也在教室里吃。傍晚，要看着值日生打扫好教室卫生，才最后离开。平时，我特别留心班里几个容易闯祸的学生，稍有"风吹草动"，立即采取措施，快速"灭火"。无论怎么顽皮的学生，都让我管得服服帖帖，我也因此被评上优秀班主任。虽然我也曾发现学生不如原来活泼开朗了，言语不多了，与老师主动沟通少了，但看着教室里挂着的一面面流动红旗，听到家长们的感谢话语，我的心里还是蛮得意的。

谁知，这个班级升入高年级，换了一位班主任后，学生突然变成"脱缰的野马"，班级陷入混乱局面。我真的好困惑：为什么我一离开，学生就将以前的规则全忘了，问题的根源到底在哪里？

此时，"把课堂还给学生，让课堂焕发出生命的活力；把班级还给学生，让班级充满成长的气息"，这一全新的"新基础教育"理念深深触动了我。我终于发现：以前那种无休止地投入时间和精力来管学生、依靠权威和技巧让学生听话的教育手段，并不能带出一个健康活泼、自主发展的集体。

痛定思痛，我开始了"新基础教育"班级建设的初步尝试。

首先，让学生设计"自己的家"。曾令我头疼的环境布置变成颇有创意的"学生网页""成长星座""苹果乐园"……

其次，学生自己设计班歌、班徽，进行"小岗位竞聘"。这让他们认识了自我，认识了集体，认识了责任。学生变得活泼，有思想，更重要的是，他们开始懂得主动追求了。

当叶澜老师来学校听课时，学生更是兴奋地拉着她的手，抢着让她点击自己的"主页"，还告诉她，教室门口画着一架大吊车，是因为"教室太小了，装不下我们的快乐"。好一条快乐廊！

叶老师很高兴，她语重心长地告诉我："新基础教育"的试验目的，不是让教师"偷懒"，而是要教师学会不"包揽"；参加"新基础教育"实验的老师，在思想上千万不能"懒"。

实践中，我悟出了"把班级还给学生"这句话的分量。这个"还"字不简单，关键是班主任的角色要重新定位：不仅是教育者、引领者、管理者，更应是教育改革的研究者、学生成长的扶助者、班级事务的协调者，班主任工作的重点是关注学生的生命发展过程。因此，我所追求的目标，不是培养以前那种"既听话又聪明还能获奖"的"好学生"和"先进班级"，而是营造一种"充满生命活力"和"充满成长气息"的学生生存状态。

## 从任务驱动到关注需求

组织班级活动，在很多班主任看来是为了完成学校布置的任务。虽然也有班主任意识到要尊重学生的主体地位，但没下功夫去了解学生的真实需要和现有发展水平，所定的活动目标不是过高就是过低。还有一些班级活动，主题设计精彩，也解决了存在的问题，表面看来很有效。但这种效果是分散的、点状的，只有"头疼医头，脚疼医脚"的短期效应。有效的教育，必须是有延续性的，这是那次"四次计划的修改"活动给我的启迪。

2003年9月，我接了一个新班后，兴致勃勃地精心设计了当时最流行的"体验式活动计划"，想让学生当"一日小校工、一日小班主任、一日小辅导员"。当时华东师范大学课题组老师的一句话点醒了我："这个活动是学生自己想搞的吗？"没有学生参与策划，怎么会有活力？怪不得以往那么多花心思设计的班级活动，结果不一定成功！

于是，我用多种方式了解到学生的最大问题是不自信，并和学生共同设计了一份"顶呱呱"班级计划。谁知两位课题组老师见后，一针见血地指出：这份计划的主题和设计思路虽是从学生那里来的，但活动的具体安排却没有考虑每个学生的个体成长，班级的所有活动就像全校活动的拷贝，没有自己的特色。

再一次沉到学生中去，探索突破口。联系9月校运会、10月国庆节，我把社会发展与学生成长进行整合，设计了"上海在变，我也在变"活动：一项项促进学生个体成长的分阶段"顶呱呱"活动，如"校运会上顶呱呱""学习进步顶呱呱""岗位立功顶呱呱""亲子活动顶呱呱""抓紧时间顶呱呱"等。

后来，课题组老师鼓励我把主题活动与班级日常管理结合起来，更加全面、更加系列化地策划。通过系列活动，学生发现自己的班级其实并不比其他班级差，自信在每人的心头升起。

四次修改计划，使我对班级工作策划有了新认识，懂得了要去研究学生，要在工作中学会自我行为的不断更新。

## 从回避问题到寻找问题

学生成长是一个动态变化的过程，自然会产生各种问题。提到问题，许多人认为是坏事。有相当一部分班主任缺乏发现问题的能力，有些班主任不善于发现教育中的"关键问题"。

在"新基础教育"实验中，我认识到问题包含积极意义。从人的认识看，发现问题到解决问题是一个自我提高与完善的过程；从问题本身看，发现到问题是一种对矛盾的辩证协调。因此，直面问题是一种积极态度。于是，我渐渐地从"回避问题"变主动"寻找问题"，并努力学会"解决问题"。

每次接新班，我必对学生做一次调查，有时是问卷，有时是主题班会，有时是座谈会，有时是家访，把问题作为工作起点；我还会寻求前进中的问题，找到上升台阶；期末，我不仅把学生作为总结对象，而且让学生以主人身份参与总结，对照开学初制订的班级计划，找一找班级还存在的问题。

此外，我又对个别学生进行调查，了解他内心的想法，将个性放在共性中看，用个性带动共性，用共性影响个性。如班级中曾发生的个别学生及其家长要求换同桌一事，从表面看，父母希望孩子有个好同桌是正常现象；但从深层次看，这却是一个以什么标准看待人的问题。大人的目光会影响孩子的思维，随意换同桌不仅对他们的成长不利，还会影响班集体的稳定。因而，我觉得对此不能就事论事，便设计了一次班会，以"可爱的同桌""我们是一对好同桌""我+你=……"为题，让学生寻找同伴身上的美，学会如何正确看人，如何与同学合作。由此所写的案例《调座位引发的四个主题班会》收录于上海教育出版社出版的《99个班主任的教育机智》一书。

## 从反思到重建

班主任不是照亮别人、燃尽自己的蜡烛，完全可以在促进学生成长的同时，反思自己的工作，使自己在分析问题、解决问题方面有长足的进步。

2005年9月，我接了新班。我发现这个班的学生有较强的自信心，比较聪明，但有一部分人由此而放松对自我的要求，有点自由散漫。

开始，我设计了"孙悟空自律我能行"的主题活动，但效果不理想。

我反思：为什么针对学生成长问题设计的活动，他们感兴趣，却不能在行为上得到体现？

通过学习相关理论，我了解到三年级学生已有自主需求，他们对于参与班级管理热情很高，但缺乏自控能力。所以在参加班级活动时，往往因无法自我管理和正确展示才能而出现混乱现象。

我又和家长、学生交谈，发现父母平时表扬孩子最多的是夸他聪明，所以学生喜欢被人夸聪明，但他们眼中的聪明大部分是指智商，而且认为"聪明"是属于个体的。

据此，我和学生一起设计了"聪明系列"的主题活动，让学生把"聪明"从学习范围拓展到自我完善、人际关系、班级发展等更广阔的领域，将浅层次的需求转化为内在的深层次的追求。

三年级的"让我们更聪明"系列活动，使学生的自我管理和班级管理能力都得到很大进步。特别是当我不在时，在早读、十分钟队会、晚托班中他们能自己管理好自己。但在出现突发事件时，他们还不能做到自律。对"小班主任"有意见时，他们的表现不尽如人意，有时会采取故意捣蛋的手段发泄对他（她）的不满。

面对这些问题，我在华东师范大学课题组老师的指导下，又一次深入思索，发现在开展"让我们更聪明"活动时，不能只进行"自律"，撇开"他律"。"自律"与"他律"要结合起来，而"他律"的实施者应有改变，即从父母的管束、教师的教导、"小班主任"的管理变为有价值的他人的影响，创造出一种外部支持，即将父母、教师、班级组织等资源构建成较完善的支持系统，以影响学生。

如进行感恩活动时，借感恩把"他律"变成激励性的鼓励，让学生的"自律"行为获得外界的支持和影响。为此，我们开展了"小眼睛大发现"活动——让学生从日常生活中寻找父母的爱、老师的爱，比一比谁发现的爱更多。活动中，学生不但体验到父母的辛苦、老师的努力，还发现父母、老师的关心、理解、尊重是一种爱，严格要求也是一种爱，是一种期待的爱，期待自己进步。活动后，学生有了很大变化，特别是对父母、老师（包括小干部）的要求，不但能正确对待，还视作一种动力。他们认识到，要珍惜这一切的"爱"，珍惜自己的生命，从而进一步学会自我管理、自我保护。这种支持系统的建立，从外部促使学生更加自律、健康地成长。

与此同时，班级中还分两个层次构建了评价机制，一是将评价作为一种外部支持系统，促进学生"自律"。如每次活动后都要评选"聪明之星"，选出学生心目中最聪明的男生和女生、小队和小组，选出学习之星、交往之星、岗位之星、安排之星等。二是改变评价只针对学生个体，用小队组织进一步保障"他律"，以促进学生"自律"。此项活动的总结《让好动的"孙悟空"变得越来越聪明》，曾在《基础教育》2006年第5期上发表。

"聪明系列活动"的设计不但让学生变得聪明起来，也丰富了我的实践智慧，促使我将研究意识渗透于日常工作。我在实践中反思，在反思中重建，增强了对学生成长需求的敏感性，使班级主题活动呈现系列化、动态化发展。

## 从回溯到走向新发展

今年，我又接了一个三年级班，再次开展"聪明系列活动"。为此，我对三年前的主题活动进行回溯研究，并依据两次活动效果的对比，进行延续、调整与创新。对那些适合三年级学生年龄特点的活动"让我们更聪明""自我设计"等，继续运用以前的有效做法。因为有前期经验，所以效果较为明显。而有的活动，由于学生需求发生了变化，所以须作一些调整。如"聪明管理时间"，三年前要解决的是学生个体时间管理不合理的问题，但这次活动是小群体在做事中的时间管理问题。所以，除了"一时多用""合理制订计划"活动外，还增加了"计划性与突发性""个体性与群体性"的内容设计，让学生根据实际情况处理时间管理中的各种关系，认识到需要互相协助的事和紧急的事应该先做，从而在班级里形成生生协作、师生协作的良好关系。

在实践中，根据学生的现有状态，我在原有基础上进行创新，进一步丰富"聪明活动"的内涵。如针对学生学习上的畏难情绪，经过分析后发现：那是因为三年级课程变得难了，许多内容不能靠死记硬背，许多难题要靠自己努力去解决，而学生现在缺乏的是解决学习问题的策略与方法，但他们又不知如何去克服学习困难。于是，我有针对性地增加了"聪明学习"的有关活动，让学生通过活动掌握各种个性化学习方法，进一步增强自信。

这些年来，我在班主任工作实践中经历了"传统与勤勉""改革与创意""实践与提升""研究与反思"几个阶段。在促进学生主动发展、引导学生寻找发展内动力的过程中，自己的班主任角色也在不断变化，由一个站在学生对面的管教者转变为站在学生后面的鼓励者，由站在高处指挥学生的设计者变为带领学生发展的引路者，最终成长为站在学生中间，以学生的立场看待问题，与学生一同成长的合作者。述说我成长历程的文章《专家引领下的行为跟进》，被收入上海市教科院编写的《做有思想的行动者——研究型教师成长案例研究》一书。

总之，我正从原来那个勤勤恳恳的事务型、操作型班主任，逐渐走向研究型班主任，并努力成为一个"新基础教育"所要求的具有生命成长自觉性的班主任。

（上海市闵行区华坪小学陆敏供稿）

## 解读

华东师范大学叶澜教授指出："一个教师写一辈子教案不可能成为名师，如果一个教师写三年教学反思就有可能成为名师。"班主任的专业化成长也是如此，贵在学习，难在实践，重在反思。许多优秀班主任善于利用学校文化与当地自然资源等优势，根据班级学生特点，开展具有创新性的班级活动，走班本科研之路。这种实践探索，不是随意的、短时的、无序的，而是以自身认真思考和深入研究为前提的，是有目标导向、有计划的高质量教育教学活动，对于班主任专业成长的速度和程度，有着极大的促进作用。它可以丰富和深化教育管理的内容，开阔班主任的视野；可以锻炼和提高班主任对理论的综合应用能力，增强班级管理创新的科学性；还可以促使班主任主动地吸收他人先进研究成果，优化教育教学和班级管理的方法与措施。

从班级管理模式的改变到班级活动设计理念的变革，从对管理问题的处理到对现有经验的认识，乃至对自身专业成长的感悟，这一系列演进过程，折射出一位成功班主任专业发展的心路历程。对于广大青年班主任来说，这一切虽然不能复制，但完全可以借鉴，关键在于将读了之后的心动变为实际的行动。

许多名师成长的经验表明，以现代教育思想为基础，对自己的教育实践不断进行理性的思考、质疑，评价自己教育的有效性，进而逐步自我完善、自我建构，是班主任专业可持续发展的最有效途径。"让教师成为研究者"的呼声，在中小学已喊了几十年，今天还需要倡导的是：让班主任成为优秀的研究者，让班主任在研究实践中不断成长！

### 案例3：做一名撒播艺术之光的心灵魔术师

我于1998年大学毕业从教，至今已扎根农村初中19个春秋，是一名美术教师，同时做班主任工作。

这些年，我所带班级多次荣获上海市、闵行区先进集体，个人也先后获得全国优秀教师、上海市教书育人楷模、上海市劳动模范、上海市班主任学科带头人、上海市优秀班主任、上海市优秀家庭教育指导者等20余项荣誉，并连续两届主持上海市班主任工作室。这一路走来，我努力做一名"撒播艺术之光的心灵魔术师"，带领孩子们健康成长。

# 以爱导航，轻持彩练当空舞

在 19 年的教育征途中，我以爱导航，用实际行动证明非工具学科教师不仅可以当班主任，而且能当一名有特色的班主任。

在 15 年的班主任经历中，我注重家校互动，以真挚的爱与学生交朋友、与家长交心，得到了学生的爱戴和家长的拥护。家访途中，我骑车在乡间小路上行进，不慎摔进沟里，但马上爬起来瘸着腿继续骑行。寒暑假，我自费带领学生走进美术馆、博物馆，教学生从艺术作品中体会人生，开阔眼界。双休日，我领着学生组建志愿者服务队，活跃在街头路边，培养学生服务他人、奉献社会的志愿者精神。节假日，我带领学生走进军营，对学生进行国防教育，让学生在体验活动中养成良好的行为习惯。

对学生的点滴进步，我大力给予表扬，并及时与家长分享；学生犯了错误，我给予包容和宽慰，鼓励他知错就改。每项活动开展时，我鼓励学生挑战自我，做最好的自己。对来自特殊家庭的学生，我尤其关注。小 A 是个被领养的女孩，养父不幸早逝，她与智障的养母和年逾八旬的祖母相依为命。小 B 父母离异，他和年迈的外祖父母艰难生活。特殊的经历让这些学生敏感而自卑，我将他们作为重点帮助对象，激励他们自信坚强。家访时，不忘带上食用油、水果等物品；社会实践活动前，提前买好饮料、面包，趁学生不注意时放进他们的书包。逢年过节，把他们带回自己家，烧菜做饭，给学生家的温暖。

十几年来，我把爱作为自己的工作动力，精心呵护学生健康成长。

# 孜孜以求，厚积薄发求突破

19 年的教师生涯，我坚持在学习与研究中成长。

经学校同意，我在美术准备室里搭了一张简易床，因为经常加班至深夜，为了不耽误第二天工作，我就临时在那里过夜。记不清有多少个夜晚，我在美术准备室的瓷砖上练毛笔字；有多少个寒暑假，我如平时上班一样来校潜心练字绘画，在力求提升专业技能的同时，磨炼自己的意志。教学上，我注重培养学生的学习兴趣，探索灵活多变的教学方式，培养学生的审美能力和艺术修养。我的探索与二期课改同步，注重课堂40分钟的教学效益，结合农村特点，发挥地区优势，开发校本教材。

为了走近学生心灵，更好地与学生及其家长沟通，2009年，我利用一年中的双休日时间，参加心理咨询师培训，并取得了国家二级心理咨询师资格证书。

为了提高教育技能，我拜德育名师黄静华为师；为备战首届长三角地区班主任基本功大赛，我在两个月内翻阅了近60本德育专著和德育期刊。不断的积累加上潜心研究，使我不仅在班级管理上成绩卓著，在教育科研上也收获颇丰。我的一项课题研究成果荣获中国教育学会第20次全国学术年会论文评选二等奖，另一课题又被列为区级规划课题。现有近20篇德育研究和教育论文、家庭教育指导案例、心理辅导案例获奖或发表，多次参加上海市班主任基本功大赛并获奖，曾代表上海市参加首届长三角地区班主任基本功大赛并斩获初中组一等奖，实现了新的突破。

## 以美育德，巧绘丹青春满园

美术教师的我做班主任，起初也曾遭家长质疑。为此，我在一周内走访全班40多名学生的家，和学生及其家长面对面沟通，争取他们的信任。我把学科教学与德育融合，坚持以美育德，为学生成长插上智慧的翅膀。我和学生一起把教室装扮得简洁漂亮，充满艺术美感，使教室环境成为班级文化的一道亮丽风景线。我为学生设立个性化服务岗位，使班级成为他们体验成功、悦纳自我的温馨家园。我还用灵动的画笔使一些主要学科成绩稍逊的学生找到成长的突破口，帮助他们重拾自信，最终成为出色的毕业生。

平时，我不仅注重班级常规管理，更努力发挥美术的育人功能。同伴钦佩我所带班级的学生无论在行为规范、思想道德还是意志品质方面总会逐渐胜过其他班级，各科成绩也遥遥领先于同年级平行班。工作19年来，我的不少学生进入了专业美术院校深造。我用自己的智慧和坚持，赢得了家长们的信任和支持。现在，不少家长为孩子能进我的班级而感到庆幸，我根据自己建班育人的经验编著的《理想的教室》一书业已出版。

## 仰之弥高，授业解惑传师风

受领导的信任和重托，以我的名字命名的班主任工作室于 2012 年 10 月成立。我积极与学校政教处合作，针对当前班主任面临的新情况、新问题、新困惑，进行相关研究，旨在为年轻班主任排忧解难，拓展他们的视野，提高他们的理论素养和专业成长自觉性。在全校教师的共同支持下，一批年轻班主任崭露头角：李燕玉老师成为区师德标兵，工作才三年多的李青、陈陆燕老师参加区班主任基本功大赛分获二、三等奖，李瑞菊、陈敏、汪华老师成长为区骨干班主任。

2013 年 10 月，经过激烈的角逐，我被选拔为上海市班主任学科带头人，领衔主持上海市班主任（洪耀伟）工作室。我带领来自全市 8 个区县的 10 位优秀班主任，开展丰富多彩的研修活动。我利用美术专业的优质资源，为工作室学员搭建广阔的学习平台，进行一系列个性化培训和探索。我带领学员走近美术特级教师张家素，追求教育过程中的艺术境界；走进莫奈画展，品味莫奈用生命追求理想的励志人生；走进上海师范大学，和美学博士后刘旭光教授共同探讨中学生的美育问题；请学员聆听心理学博士张怡筠和心理学教授李久洋老师的讲座。这些跨界学习和艺术欣赏，拓宽了学员的视野，提升了学员的综合素养，他们由衷感到参加工作室学习很值得。在 2015 年市工作室终期评估中，我所主持的工作得到专家、领导的一致好评，被评为唯一的优秀市初中工作室，直接晋级下一期市班主任工作室。如今，我正带领上海市第三期班主任工作室的 11 名学员，在德育专业化的道路上不忘初心，砥砺前行。

我还利用寒暑假跟随希望工程和中国青基会组织的团队到偏远山区送教上门；我走进上海师范大学，与将为人师的大学生们进行心灵沟通，用自己的成长经历告诉学弟学妹只要树立牢固的专业思想，持之以恒，不懈努力，每个专业、每门学科的教师都能成功，为他们站稳三尺讲台指点迷津；我走进基层学校，面对面、点对点地指导基层班主任开展主题教育活动；我受市区教育部门邀请，为各类班主任培训班作专业指导、专题讲座；还多次受浙江、山东、河南、广东等省市邀请，为骨干班主任讲课，展现上海教师和教育的魅力，为闵行教育、上海教育增光添彩。

我是一名普通的美术教师，但愿做一名心灵魔术师，撒播艺术之光，用爱心弹奏音符，用智慧点亮梦想，用心中的书画为学生描绘五彩的未来，引领同伴们一同续写教书育人新篇章。

（上海市闵行区浦江一中洪耀伟供稿）

## 解读

教育是一门科学，也是一门艺术，而艺术的生命在于创造。一位优秀的班主任，自有其独到的教育艺术和较高的管理水平。在教育教学中，班主任即以此关注学生人格的完善、生命的成长，并用真诚的态度关爱学生，尊重学生的情感，培养学生的创新精神，使学生在充满人文关怀的氛围中健康成长。

洪老师在他的班主任工作中践行着爱的理念，坚持家校联系，把关爱撒播到每个学生家庭。他放弃休息日时间，带领学生进行社会实践，让学生在亲身体验中学习感悟。他注重以美育德，发挥美术学科优势，进行班级文化建设，让教室变成美丽的教育环境，最终消除了学生家长"美术教师也能当班主任"的疑虑，赢得了学生的爱戴、家长的信任。这样的一种师爱，是崇高的、无私的，同时也是智慧的。

"给学生一杯水，教师首先要有一桶水。"为了提高自己的专业水平，洪老师自我加压，孜孜以求，厚积薄发。付出总有回报，如今洪老师是班主任队伍中的排头兵，连续两期主持市级班主任带头人工作室，并身体力行，带领更多的青年班主任走专业发展之路。

洪老师取得的教育成就启示广大青年班主任，要从专业化的角度理解自身的工作。班级管理、学生教育是一项科学活动，也可以看成一项艺术活动，因此班主任必须了解学生、遵循规律，讲究工作的方法和艺术。为此，班主任要不断提高自己的专业素养，始终保持工作激情，以建班育人的实践为对象，执着于德育研究，聚焦教育热点，带着问题学习、思考、探索，把握德育新理念，努力改进自己的工作。同时，要善于团结协作，和同伴抱团发展，丰富专业技能，一起大胆实践，勇于创新，合作共赢。

## 5. 实践检验——得益

班主任做研究，不可看作在建造空中楼阁，须将所得的结论认真付诸班级教育实践，用实践检验自己，使得自己的专业发展能真正从中"得益"——从思想观念、专业能力的转变与增强到个人职业境界的提升。

为自己设计一份班主任专业发展三年规划。

## 6. 学材链接——得理

既然是为自己谋求未来的发展之道，从文献资料中获取专家学者、资深教师所提供的研究成果与实践经验，吸收蕴含其内的智慧养分，必不可少。这一过程不能只关注新的知识概念——知其然，更在于"得理"——知其所以然。

［1］王君．一位青年教师的专业成长之路——王君专业求索笔记［M］．北京：中国轻工业出版社，2012.

［2］周光礼，周详．教育与未来：中国教育改革之路［M］．北京：中国人民大学出版社，2017.

［3］［美］泰德·丁特史密斯．未来的学校［M］．魏薇，译．杭州：浙江人

民出版社，2018.

［4］刘克平，姬英涛．未来教育发展趋势［M］．长春：东北师范大学出版社，2010.

［5］王立华．做研究型班主任：演绎中国岗位的美丽［J］．班主任，2011（2）.

［6］李家成．如何成为全媒体时代合格的班主任［J］．班主任，2017（4）.

［7］罗刚淮．拨开成长的迷雾——班主任专业成长各阶段的关键问题与对策［J］．班主任，2012（4）.

［8］程建．略论班级发展与班主任职业核心素养构建［J］．报刊荟萃，2017（10）.

［9］齐学红．班主任制度与班主任教师的身份建构［J］．班主任，2015（10）.

［10］陈桂生．班主任制［J］．上海教育科研，2007（11）.

［11］李永奎．班主任要站好自己的位置［J］．北京教育（普教），2014（5）.

［12］马千紫．以心灵赢得心灵［J］．师道，2014（4）.

［13］李伟胜．"班主任制"的多种探索：深层因素与发展趋势［J］．中小学管理，2012（10）.

［14］杨晓峰．我国中小学班级管理工作发展趋势［J］．天津师范大学学报（基础教育版），2006（4）.

［15］程晋宽．从"现代"到"后现代"的班级管理转向［J］．江苏教育，2017（23）.

［16］刘玲霞．试论班主任在学生自我管理中的作用［J］．当代教研论丛，2014（12）.

# 后记　在真实的教育情境中思考

　　班主任是学校重要的育人岗位，班主任工作是一门科学，又是一门艺术。班主任面对的，是学生、学生家长、任课教师这三个差别很大的群体。走近个性各不相同的学生，与不同类型的学生家长沟通，和任课教师保持协调，班主任在这些工作中会遇到许多问题。对于青年班主任来说，加强班级常规建设，处置突发事件，教育个别行为偏差学生，无一不需要恰当的方法，需要教育机智和教育艺术。面对这些来自实践的挑战，他们常常既无经验，又缺历练，在力不从心与孤立无援之间徘徊，以致产生困惑，感到迷茫。

　　帮助青年班主任解困释惑，引领他们的专业发展，是区德育研究人员的责任。10年来，我一直为此而不断努力，砥砺前行。

　　开始，我和多位一线班主任在区里对"问题解决"的研修模式开展实践研究。于是，"基于问题解决的团队学习——班主任'后240'专业研修的研究"被立为青浦区教育科研项目，"基于问题解决的团队学习——青年班主任专业研修的实践模式研究"被立为2009年上海市教育科研项目。在研究过程中，我们积累了上百个案例，集聚了团队的实践智慧，编著成《在剖解问题中前行——青年班主任专业成长之路》一书，试图为班主任提高专业水平助一臂之力。

　　现实中看到的一些情状，又让我们陷于沉思。不少班主任在研修中特别有感触，也很容易产生共鸣，可一回到工作实践中，面对现实问题却往往一筹莫展。这种学与用的反差，会影响班主任对培训的认同。实际上，他们还是缺乏在真实的教育场景中思考问题的能力与自觉。

　　尽管如此，近几年来我们仍致力于以"问题解决"为导向，将青年班主任的工作困惑和成长需要聚焦于班主任所关注的典型问题，深度开发培训课程，力求在增强培训的针对性和实效性方面有新思考、新作为、新成效，以满足班主任的成长需求。

经过两年的实践努力，《青年班主任的九大问题破解》一书终于即将付梓。

写作过程虽然艰辛，但得到了多方面的关心与支持，让我深深感念。这里要感谢上海市中小学德育研究协会副会长、上海市德育特级教师陈镇虎先生，在百忙之中为本书写序，感谢曾经给予帮助和指导的各级领导和专家，还要感谢青浦区的众多班主任和上海市第三期班主任带头人工作室初中联盟的同仁，他们为书中的案例提供了丰富的素材。

班主任也许是世界上最小的主任，却又担负了很大的责任。服务最小的主任，与他们一起共担巨大的责任，我心甘情愿：携手班主任，不忘初心，怀揣理想，激情逐梦，用实践中获得的智慧，努力破解育人事业中将要面临的一个个问题。

卓月琴

2018 年 9 月

**图书在版编目（CIP）数据**

青年班主任的九大问题破解/卓月琴著 . —上海：华东师范大学出版社，2018
ISBN 978-7-5675-8098-5

Ⅰ.①青 . . . Ⅱ.①卓 . . . Ⅲ.①班主任工作—研究　Ⅳ.①G451.6

中国版本图书馆 CIP 数据核字（2018）第 172341 号

大夏书系·全国中小学班主任培训用书

**青年班主任的九大问题破解**

| | |
|---|---|
| **著　　者** | 卓月琴 |
| **策划编辑** | 项恩炜 |
| **审读编辑** | 任媛媛 |
| **封面设计** | 奇文云海·设计顾问 |

| | |
|---|---|
| **出版发行** | 华东师范大学出版社 |
| **社　　址** | 上海市中山北路 3663 号　邮编　200062 |
| **网　　址** | www. ecnupress. com. cn |
| **电　　话** | 021-60821666　行政传真　021-62572105 |
| **客服电话** | 021-62865537 |
| **邮购电话** | 021-62869887　地址 上海市中山北路 3663 号华东师范大学校内先锋路口 |
| **网　　店** | http：//hdsdcbs. tmall. com |

| | |
|---|---|
| **印 刷 者** | 北京密兴印刷有限公司 |
| **开　　本** | 700×1000　16 开 |
| **插　　页** | 1 |
| **印　　张** | 14.5 |
| **字　　数** | 208 千字 |
| **版　　次** | 2018 年 10 月第一版 |
| **印　　次** | 2021 年7月第五次 |
| **印　　数** | 16 101-18 100 |
| **书　　号** | ISBN 978-7-5675-8098-5/G·11367 |
| **定　　价** | 39.80 元 |

| | |
|---|---|
| **出 版 人** | 王　焰 |

（如发现本版图书有印订质量问题，请寄回本社市场部调换或电话 021-62865537 联系）